Detlef Träbert • Das Jahr vor dem Schulstart

Detlef Träbert

Das Jahr vor dem Schulstart

Wie Eltern ihr Vorschulkind fördern können

Sachbuch

Bibliografische Information der Deutschen Nationalbibliothek
Die Deutsche Bibliothek verzeichnet diese Publikation in der Deutschen Nationalbibliografie; detaillierte bibliografische Daten sind im Internet über http://dnb.ddb.de abrufbar.

www.medu-verlag.de

Detlef Träbert
Das Jahr vor dem Schulstart
Wie Eltern ihr Vorschulkind fördern können
Sachbuch

Dreieich bei Frankfurt/M.
Lektorat: Stefanie Konstanze Völker
Covermotiv: © HelenField / shutterstock.com
Umschlaggestaltung: im Verlag

Printed in EU

ISBN 978-3-96352-032-7

Inhalt

Hörst du's schlagen halber acht?
Gleich das Buch zurechtgemacht!
Schau, schon rudelts, groß und klein,
dick und dünn zur Schul hinein.
Willst du gar der Letzte sein?

Schnell die Mappe übern Kopf
Und die Kappe auf den Schopf!
Und nun spring und lern' recht viel.
Wer sich tummelt kommt ans Ziel.

Friedrich Wilhelm Güll (1812 – 1879)

Vorwort

Es gibt kein Geheimrezept, das Kinder schulfähig macht. Es gibt auch kein Instrument, das ihre Schulfähigkeit misst. Selbst die klassischen Schulfähigkeits-Tests werden immer seltener eingesetzt. So unterschiedlich Erwachsene sind, sind es auch die Kinder.

Möglicherweise hat man das in früheren Generationen noch nicht so wahrgenommen. Heute jedoch wird nicht nur der Umgang mit Kindern immer individueller, sondern auch die elterlichen Erwartungshaltungen und Erziehungsziele unterscheiden sich stärker denn je. Von Helikopter- oder gar Schneepflug-Eltern war vor zehn Jahren jedenfalls noch nichts bekannt. Derartige Trends gab es zwar schon immer, aber noch nicht im heutigen Ausmaß. Die modernen Medien spielen dabei eine große Rolle.

Auf jeden Fall müssen bei uns (fast) alle Kinder mit ungefähr sechs Jahren eingeschult werden, ganz gleich, welche Erziehungshaltung die Eltern aufweisen. Aus meinen Erfahrungen, die ich als Referent bei Kita-Elternabenden sammeln durfte, weiß ich, wie unterschiedlich die Fragen und Erwartungen von Müttern und Vätern zum Thema „Schulfähigkeit" sind. Aber ausnahmslos alle sind neugierig auf Informationen dazu, welche Motive auch immer sie treiben. Deswegen entstand die Idee, diesen Ratgeber zu verfassen.

Das Jahr vor dem Schulstart ist lang. Gerade in dieser Zeit weisen Vorschulkinder häufig eine enorme Entwicklung auf. Viele von ihnen, die noch Anfang des Jahres ausgesprochen kindlich wirkten, verfügen an dessen Ende über Eigenschaften und Fähigkeiten, die keinen Zweifel mehr daran lassen, dass sie jetzt die neuen Reize und Anregungen der Schule brauchen. Aber auch die anderen, die sich langsamer oder weniger sprunghaft entwickeln, haben in der Schule von heute gute Chancen auf eine positive Entfaltung ihrer Lernfähigkeit. Schließlich hat sich auch Schule verändert. Immer seltener lernen die „i-Dötzchen“ das Lesen, Schreiben und Rechnen im Gleichschritt. Immer öfter finden sich moderne, individualisierende Unterrichtsformen und -methoden, die den „ABC-Schützen“ eigene Lernwege eröffnen.

Es gibt also keinen Grund zur Besorgnis, wenn heutige Eltern an den allmählich näher rückenden Einschulungstermin ihres Vorschulkindes denken. Aber Anregungen, wie das letzte Jahr vor dem Schulstart genutzt werden kann, um seinem Kind hilfreiche Lern- und Entwicklungsimpulse zu geben, sind bei ihnen immer willkommen. Deswegen bietet „Das Jahr vor dem Schulstart“ seinen Leserinnen und Lesern zahlreiche Informationen und konkrete Tipps an, für deren Sammlung ich vielen Menschen dankbar bin. Dazu gehören die Eltern, die mich mit ihren Fragen in Beratungsgesprächen immer wieder zum Recherchieren nach aktuellen und wissenschaftlich einwandfreien Erkenntnissen veranlassten. Dazu gehören die Kinder, von denen ich lernte, wie verschieden sie sein und wie unterschiedlich sie lernen können. Und dazu gehören die Erzieherinnen und Erzieher sowie die Lehrerinnen und Lehrer, die mir mit Ihren genauen Beobachtungen immer wieder neue Fragen eröffneten.

Besonders dankbar bin ich jenen Kita-Leiterinnen und (sehr selten) -Leitern, die mich seit vielen Jahren in ihre Einrichtungen einladen, um Eltern über Fragen der Schulfähigkeit zu informieren und mit ihnen darüber ins Gespräch zu kommen. Das hat mich erleben lassen, wie sehr sich Elterneinstellungen nach und nach verändern. Genau dadurch aber habe ich auch zunehmende Klarheit über die Frage gewonnen, was für Kinder in Sachen Schulfähigkeit konstant bedeutsam und hilfreich ist.

Der größte Dank jedoch gebührt dem MEDU Verlag, der die Veröffentlichung dieses Buches möglich gemacht hat, und vor allem seiner Lektorin Stefanie Konstanze Völker, die mit großer Kompetenz und Geduld, mit beharrlichem Fragen und Korrigieren einen wesentlichen Anteil an seinem Werden hat.

Köln, im Februar 2019

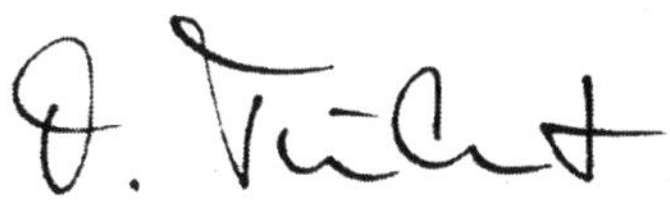

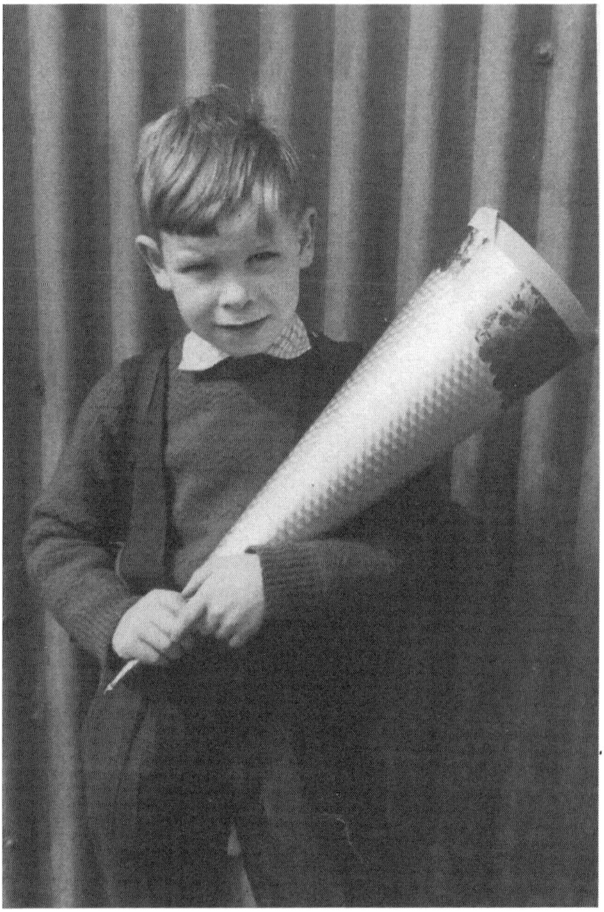

Der Autor an seinem Einschulungstag nach Ostern 1960

Einleitung

Die Kindheit hat sich gewandelt

Es war Ostern 1960, als ich in die Schule kam. Ich war sechs Jahre und neun Monate alt – ein Jahr früher wäre ich noch zu jung gewesen, daran hatte niemand einen Zweifel gehegt. Jetzt aber galt ich als „schulreif“ und wurde gemäß den Bestimmungen zur Schulpflicht eingeschult, auch wenn ich noch lange nicht ausgespielt hatte. Doch das war kein Problem, denn Schule am Nachmittag gab es damals so gut wie gar nicht. So hatte ich an jedem Schultag nach Mittagessen und Hausaufgaben genug freie Zeit zum Spielen.

Irgendwelche Kurse? Die bot niemand an. Fußballverein? Das ging erst mit der D-Jugend los, so ab zehn Jahren. Also blieben die Straße, auf der noch wenige Autos fuhren, die Wiesengrundstücke, auf denen man zwischen den Apfelbäumen kicken konnte, und der nahe Wald, in dem wir ohne Erwachsene manches Abenteuer erlebten. „Früher spielten die Kinder hinter den Büschen Verstecken“, erzählte Autorenkollege und Erziehungsberater Jan-Uwe Rogge mal in einem Vortrag, „heute verstecken sich hinter den Büschen die Eltern – und beobachten ihre Kinder.“ In den 60er Jahren hätten die Eltern wohl kaum Zeit dafür gehabt. Die Arbeitszeiten waren länger als heute und der Haushalt war noch nicht durchautomatisiert.

Kindheit heute ist offensichtlich ganz anders. Der Begriff „Schulreife“ wird offiziell überhaupt nicht mehr verwendet – „Schulfähigkeit“ ist an seine Stelle getreten. Schon während der Kindergartenjahre gehen viele der Kleinen zur Musikschule, in Tanz- und Gymnastikkurse oder auch in einen Sportverein. In der G-Jugend, scherzhaft „Pampers-Klasse“ genannt, kicken bereits Vorschulkinder um Punkte. Freies Spielen ohne Erwachsenen-Aufsicht? Das gibt es bestenfalls noch auf dem Dorf. Die durchschnittliche Kinderzahl pro Frau liegt derzeit bei 1,5 – ein leichter Anstieg im Vergleich zum letzten Jahrzehnt, aber bei weitem nicht so viel wie die 2,5 aus 1964, dem deutschen Babyboom-Jahr.

Weniger Kinder pro Familie bedeuten jedoch höhere Erwartungen pro Kind. Die gesamte Entwicklung soll möglichst positiv verlaufen, das wünschen sich fast alle Eltern. Und so berichteten mir zahlreiche Lehrerinnen von Müttern oder Vätern, die schon bei der Einschulung die Erwartung geäußert hatten, dass das Kind nach der Grundschule selbstverständlich auf das Gymnasium gehen solle. Ich erfuhr das im Rahmen meiner Tätigkeit als Beratungslehrer von 1980-1996, aber auch später immer wieder bei Lehrerfortbildungsveranstaltungen, zu denen ich als Referent eingeladen war. Schon in der Kita wird optimale Förderung erwartet, unabhängig davon, ob die Kleinen als Babys, mit zwei, drei oder vier Jahren dort angemeldet werden.

So hat sich ein – durchaus nicht immer positiver – Leistungsdruck bereits in den Kindergärten breit gemacht. *Kind sein zu dürfen* reicht heutzutage nicht mehr – *lernen müssen* ist angesagt, lange vor dem Tag der Einschulung. Und eingeschult wird heute früher als noch vor zehn Jahren: Das minimale Einschulungsalter liegt derzeit zwischen 5;10 Jahren (= fünf Jahren und zehn Monaten) in Nordrhein-Westfalen oder Niedersachsen und 6;2 Jahren in Hamburg, Schleswig-Holstein oder Mecklenburg-Vorpommern. Heutige Kinder werden etwa ein Vierteljahr früher von der Schulpflicht erfasst als eine Generation zuvor ihre Eltern. Das verschärft, neben den an Kitas eingeführten „Mindeststandards“, die Leistungsanforderungen bereits vor der Schule. Spezielle Förderangebote für das Vorschuljahr sind mittlerweile üblich.

Auch die Schulen haben sich verändert. Die Klassenstärke im ersten Schuljahr liegt heute zwischen 13 (Mindestgröße in Bayern und Hessen) und 29 (Maximalgröße in Nordrhein-Westfalen) und damit um rund zehn Kinder niedriger als im Babyboom-Jahr 1964. Der Unterricht wird methodisch meist ganz anders gehalten als zur Zeit der Eltern. Elektronische Medien finden bereits an mancher Grundschule Platz, Tafeln werden nicht mehr mit Kreide beschrieben, sondern als Whiteboards mit bunten Stiften genutzt oder gar durch elektronische Smartboards ersetzt. Immer mehr Schulen bieten Ganztagsplätze an, so dass immer weniger Kinder noch zu Hause Hausaufgaben machen müssen – regelmäßiges Üben findet in der Ganztagsbetreuung allerdings normalerweise nicht statt.

Selbstverständlich haben sich auch die Lehrmethoden gewandelt, so dass viele Eltern darüber verunsichert sind, was und wie ihre Kinder lernen. Manche Statistik verstärkt diese Unsicherheit noch. So hat beispielsweise das „Institut zur Qualitätsentwicklung im Bildungswesen“ (IQB, Humboldt-Universität Berlin) im Oktober 2017 den Ergebnisbericht zum „IQB-Bildungstrend 2016“ veröffentlicht. Rund 30.000 Schülerinnen und Schüler aus vierten Klassen von mehr als 1.500 Schulen in allen Bundesländern waren getestet worden. Danach konnten 10,8 Prozent nicht zuhören, mehr als 22 Prozent nicht rechtschreiben und 15,4 Prozent nicht rechnen. Den Mindeststandard im Lesen erreichten 12,5 Prozent nicht. Dabei zeigte sich eine deutliche Verschlechterung der Testergebnisse gegenüber der Studie von 2011, vor allem im Bezug auf Zuhören, Rechtschreiben und Rechnen (für genauere Resultate s. www.iqb.hu-berlin.de). Nach der noch aktuelleren IGLU-Studie (Internationale Grundschul-Lese-Untersuchung, Dezember 2017) hat sich das Leistungsniveau im Lesen seit 2001 kaum verändert, während es in den meisten Staaten besser geworden sei. Demnach liegen die deutschen Viertklässler im internationalen Vergleich mittlerweile deutlich unter dem Durchschnitt. Aber liegt das allein am Unterricht der Schulen? Haben nicht vielleicht auch die zunehmenden Medieneinflüsse und die gestiegenen Bildschirmkonsum-Zeiten unserer Kinder bei der Statistik eine Rolle gespielt? Derlei Einflüsse sind bereits im Vorschulalter bedeutsam. Deswegen empfiehlt die Bundeszentrale für gesundheitliche Aufklärung eine Höchstdauer von 30 Minuten pro Tag im Alter von drei bis fünf Jahren – für alle Bildschirmmedien zusammen!

In diesem Buch werden Sie eine Menge an Tipps finden, wie Sie Ihr Kind vor dem Schuleintritt sinnvoll anregen und fördern können. Dass dazu auch einige Warnungen vor sinnlosen oder gar schädlichen „Förder"-Maßnahmen gehören, versteht sich von selbst. Es wird Ihnen helfen zu erkennen, ob Ihr Kind wohl zu den 90 Prozent gehört, die altersgemäß eingeschult werden. Es wird Ihnen auch helfen einzuschätzen, ob es vielleicht besser zurückgestellt werden sollte, wie das im Schuljahr 2016/17 bundesweit für fast acht Prozent beantragt wurde, oder ob Sie einen Antrag auf vorzeitige Einschulung stellen, was damals drei Prozent der Eltern taten.

Vor allem aber wird Ihnen „Das Jahr vor dem Schulstart" helfen zu verstehen, dass Ihr Kind selbst mit seinen Talenten, seiner Motivation und seinem Durchhaltevermögen entscheidend für sein schulisches Werden ist. Deswegen bietet Ihnen dieses Buch Orientierung und Rat für das letzte Vorschuljahr und die Einschulung an.

In den ersten fünf Kapiteln beschreibe ich die wesentlichen Merkmale der Schulfähigkeit. Dabei geht es um die Förderung von Konzentration und musischen Fähigkeiten, den körperlichen sowie den kognitiven (geistigen) Bereich, die Motivation und schließlich das Sozialverhalten. Danach stelle ich in den

Kapiteln 6-9 elterliche Erwartungen und die gesundheitlichen Fakten der heutigen Kindergeneration einander gegenüber. Auch die Kriterien der Schuleingangsuntersuchung durch das Gesundheitsamt werden dort beschrieben. Außerdem erläutere ich den nach heutigem Kenntnisstand optimalen „autoritativen“ Erziehungsstil, gehe auf die Rolle von Büchern als Hilfe zur Förderung der Schulfähigkeit ein und stelle Ihnen abschließend dar, an was alles man denken sollte, um den Schulstart möglichst optimal vorzubereiten.

1 Aufmerksamkeit – die Basis des Lernens

„Intelligenz ist die Tür zur Freiheit und wache Aufmerksamkeit ist die Mutter der Intelligenz."

(Jon Kabat-Zinn)

Ein intelligentes Kind wünschen sich alle Eltern. Intelligenz gilt als uneingeschränkt positiv und als Basis für Erfolg in Schule wie auch im späteren Leben. Dass wache Aufmerksamkeit jedoch ihre „Mutter" ist, wie es der amerikanische Medizinprofessor Jon Kabat-Zinn ausgedrückt hat, wird in unserer schnelllebigen Zeit häufig vergessen. Intelligenz ohne die Fähigkeit zur Aufmerksamkeit bleibt immer unter ihren Möglichkeiten! Viele sogar sehr intelligente Schülerinnen und Schüler erreichen im Unterricht nicht das Leistungsniveau, das ihrer Intelligenz entspricht, weil sie nicht in der Lage sind, ihre Wahrnehmung auf das Wesentliche zu richten. Deswegen gilt „Mutter Aufmerksamkeit" und ihren vielfältigen Aspekten dieses erste Kapitel.

Aufmerksamkeit und Konzentration

Wenn ein Kind mit wachem Bewusstsein wahrnimmt, was um es herum geschieht, verhält es sich aufmerksam. Das tut es auch, wenn es sein eigenes Denken, Fühlen und Handeln beobachtet. Wie gut und wie lange es seine Aufmerksamkeit auf etwas zu richten vermag, ist das Maß für seine Konzentration. Dabei ist es wichtig zu unterscheiden, ob es sich freiwillig und gerne einer Tätigkeit zuwendet oder ob es seine Aufmerksamkeit auf etwas richten soll. Nur Letzteres gilt als Konzentrationsleistung.

> ***Konzentration*** *meint die Fähigkeit, unser Wahrnehmen, Denken und Handeln mit Hilfe willentlich gesteuerter* ***Aufmerksamkeit*** *auf einen eng begrenzten Bereich der Umwelt zu bündeln, um sich ganz einer Sache oder Person zu widmen. Dabei werden Störfaktoren in Form von inneren (z. B. Hunger, Frösteln, Gedanken) oder von äußeren Reizen (Ablenkungen aller Art) weitgehend ausgeschaltet.*

Wenn Ihr Kind also ganz versunken mit Puppen oder Autos spielt, ist das noch keine Konzentrationsleistung. Wenn Sie aber gerade Küchenarbeit verrichten und deswegen nicht mit ihm spielen können, könnten sie es auffordern, Ihnen ein Bild zu malen. Es will das zwar eigentlich nicht, tut es aber – Ihnen zuliebe. Dann erkennen Sie seine Konzentration beim Malen. Und wie lange kann sich ein Kind im Vorschulalter konzentrieren? Nun, wie lange können Sie das? Sicherlich vermögen Sie stundenlang einen spannenden Roman zu lesen, in Urlaubszeiten vielleicht sogar fast die ganze Nacht hindurch. Doch das ist keine Konzentrationsleistung – Sie müssen Ihre Aufmerksamkeit dafür ja nicht bündeln. Wer jedoch ein trockenes Fachbuch lesen muss, wird schon nach weniger als einer Stunde feststellen, dass er nicht mehr weiß, was auf der vorigen Seite stand. 30 bis 45 Minuten sind für Erwachsene eine ordentliche Konzentrationsleistung. Kinder vor der Einschulung sind mit zehn bis fünfzehn Minuten gut dabei! Es erfordert eben viel Energie, seine Aufmerksamkeit willentlich zu bündeln.

Im Vorschulalter ist das auch selten erforderlich. Es gibt noch keine Hausaufgaben und kein verpflichtendes Muss. Wenn aber der Schulanfang in Sichtweite kommt, kann man anfangen, ab und zu einmal die Aufmerksamkeit seines Kindes auf bestimmte Reize auszurichten.

Bewusstes Zuhören

Alle Menschen, deren Gehör intakt ist, reagieren emotional auf Geräusche. Eine schöne Musik bewirkt Wohlbefinden, aber jeder kennt auch solche Musik, die man am liebsten ausschalten würde. Ein leises Klingeln macht neugierig, ein plötzlicher Knall jagt einem den Schrecken in die Glieder. Dass das Hören von solch immenser Bedeutung ist, liegt möglicherweise daran, dass es der erste unserer fünf Sinne ist, der voll funktioniert: Bereits vier bis sechs Wochen vor der Geburt ist das Gehör fertig entwickelt und vermag Tonhöhen und Klänge zu unterscheiden. Darum ist es übrigens sinnvoll, schon dem Baby im Bauch ganz viel zu erzählen. So lernt es seine Eltern schon vor der Geburt kennen – wenigstens akustisch.

Musik beeinflusst unsere Stimmung und kann günstigenfalls Wohlbehagen vermitteln. Schon Babys reagieren emotional auf sie und schlafen bei vertrauten Klängen leichter ein. Eine Musikpuppe beispielsweise, die auf Fadenzug eine Schlaflied-Melodie abspielt, kann das Einschlafen über etliche Jahre hinweg erleichtern. Das funktioniert deswegen so zuverlässig, weil vertraute Melodien für kleine wie für große Menschen sehr beruhigend klingen. Andere Lieder hingegen animieren zum Mitsingen und Tanzen. Wer kann bei „Es tanzt ein Bi-Ba-Butzemann" oder „Die Affen rasen durch den Wald" schon ruhig sitzen bleiben? Musik und Bewegung gehören zusammen und ergänzen sich.

Übrigens: Selbst zu singen ist jeder CD weit überlegen! Ob wir musikalisch sind oder nicht, ob wir die Töne genau treffen oder sie ziemlich „falsch" klingen, spielt überhaupt keine Rolle. Singen und Tanzen sind unverzichtbare Voraussetzungen für die Intelligenzentwicklung, weil dabei alle Sinne miteinander in Verbindung stehen und die Konzentration gefordert ist. Miteinander zu singen fördert zudem soziales Verhalten, weil man aufeinander achtet und versucht, im Einklang miteinander zu sein. Ein Kurs in musikalischer Früherziehung mag durchaus nützlich sein, vor allem, wenn er dem Kind Freude macht. Trotzdem ist das gemeinsame häusliche Singen oder das Trällern von Wanderliedern beim Spaziergang noch viel wichtiger. Mit Musik kann man Gefühle ausdrücken, und das Singen fördert nebenbei auch noch den Spracherwerb der Kinder.

Da man jedoch nicht ununterbrochen singen kann, bietet es sich gerade auf Spaziergängen an, ab und zu genau zu lauschen:

> *Kannst du einen Vogel hören? Vielleicht sogar mehrere? Wie viele sind es wohl? Hörst du den Wind in den Bäumen rauschen? Kannst du den Bach plätschern hören? Wenn man mit seinem Kind in der Stadt unterwegs ist, lohnt es sich auch dort, gelegentlich einmal stehen zu bleiben, die Augen zu schließen und sich auf die Ohren zu konzentrieren: Was hörst du? Ist das ein Auto oder ein Motorrad? Von wo kommt das Auto? Kannst du zwischen all dem Lärm auch ein Vögelchen wahrnehmen?*

Wenn man dann zu Hause über all das Gehörte noch einmal spricht, können Vorschulkinder sogar ins Philosophieren kommen. Die Frage, ob man Stille hören kann, beschäftigt unsere Kleinen vermutlich mehr als uns.

Das bewusste Zuhören kann man auch spielerisch üben: „Mach mal deine Augen zu und rate, was du hörst." In die Hände klatschen, mit dem Topfdeckel klappern, das Rührgerät oder den Dunstabzug einschalten, einen Stuhl verschieben und tausend Aktionen mehr fordern und fördern genaues Hinhören des Kindes und seine Wahrnehmung akustischer Reize. Beim Anhören einer Märchen-CD können Eltern gelegentlich auch testen, wie leise ihr Kind hören und trotzdem alles verstehen kann. Das Bewusstsein dafür zu stärken, ist in unserer lauten Zeit wichtiger geworden denn je: Hörschäden bei Kindern und Jugendlichen haben in den letzten Jahrzehnten nämlich zugenommen – unsere Welt wird immer lauter. Glücklicherweise kann die Medizin in den meisten Fällen helfen, doch nicht immer werden Hörschäden frühzeitig genug erkannt. Eine britische Studie mit 195 Kindern im Alter von acht bis zehn Jahren zeigte, dass ein Viertel von ihnen mit einer Leseschwäche an leichter oder mittlerer Schwerhörigkeit litten, die bis dato unbemerkt geblieben war. Kinder, die häufiger an einer Ohrenentzüngung laborierten, wiesen zu einem Drittel Lese- und Schreibschwierigkeiten auf.

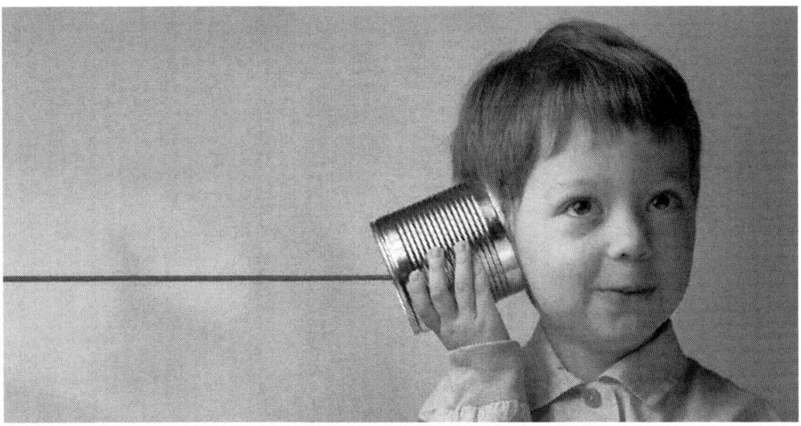

Hinhören auf leise Klänge ist also eine wichtige Übung, die man am besten beim Vorlesen oder Erzählen von Märchen trainiert. Die Vorlese- bzw. Erzählsituation sind dem Vorspielen von Tonträgern vorzuziehen, denn die kuschelige Atmosphäre stärkt die Bindung zwischen Kind und Eltern, bringt die Kleinen zur Ruhe – viel besser, als ein Gerät das kann – und fördert darüber hinaus ihre Konzentration und Merkfähigkeit. Gleich über das Gehörte reden und Fragen stellen zu können, stärkt zudem ihre sprachliche Kompetenz. Und außerdem reduziert regelmäßiges Vorlesen das Risiko von Kindern, als Jugendliche zu Lesemuffeln zu werden.

Bewusstes Hinschauen

So, wie das bewusste Hinhören die akustische Aufmerksamkeit fördert, übt das bewusste Hinschauen die visuelle. Beim Anschauen von Bilderbüchern kann man das schon im Babyalter erkennen. Da zeigen bereits Einjährige mit dem Finger auf einzelne Bilder und wollen genannt bekommen, wer oder was das ist. Doch leider nehmen multisensorische Bücher für unsere Kleinsten immer mehr zu. Bücher, in denen man Bilder betasten und dadurch Geräusche auslösen kann, machen das Lesen in späteren Jahren langweilig. Sie scheinen eher zu elektronischen Spielen als zum Buch zu (ver-)führen. Und sie verführen Eltern dazu, ihr Kind mit solchen Medien allein zu lassen, anstatt ihm zu erklären, zu erzählen oder vorzulesen.

Ein Baby schaut sich in der Welt um und guckt dabei immer wieder zu Mama oder Papa, um ihre Reaktionen wahrzunehmen. Wenn es dabei gegenseitigen Blickkontakt erleben kann, fühlt es sich in seinem Umschauen ermutigt. Auch beim Herumkrabbeln nimmt es zwischendurch immer wieder Kontakt mit seinen Bezugspersonen auf, als wolle es sich vergewissern, wo sein Ausgangspunkt ist. Der gegenseitige Blickkontakt gibt also jene Sicherheit, die nötig ist, um mutig die Welt zu erkunden. Darum sollte der erste Kinderwagen auf jeden Fall die Blickrichtung zum Baby ermöglichen, denn dann kann es denjenigen wahrnehmen, der es durch die Gegend schiebt. Ein späterer Buggy sollte durch einen verstellbaren Schiebegriff oder den entsprechenden Sitz flexibel sein. Manch ein Kind möchte irgendwann unbedingt nach vorne schauen können, aber vielleicht nicht immer. Wichtig ist nur, dass das Gespräch zwischen Erwachsenem und Kind permanent möglich ist, auch wenn man nicht ständig redet. Nebenbei zu telefonieren lässt Kleinkinder die Erfahrung machen: Wenn Mama redet, meint sie gar nicht mich. Das kann auf Dauer zu ernsten Problemen führen.

Je älter unsere Kleinen werden, desto neugieriger und aufmerksamer schauen sie sich alles an, was es zu sehen gibt. Viele fragen auch ständig nach dem Was und Wozu aller möglichen Dinge. Dann kann man allmählich mit Spielen anfangen wie z. B. mit dem berühmten „Ich sehe was, was du nicht siehst“. Dabei lernen sie auch die verschiedenen Farben kennen. „Ich sehe was, was du nicht siehst, und das ist rot“ funktioniert natürlich nur, wenn das Kind die Farbe Rot zu erkennen vermag. Die meisten schaffen das ab dem Alter von drei bis vier Jahren. Man kann bei diesem Spiel aber auch statt der Farben nach Größe unterscheiden oder nach hart/weich.

Zum Üben der Farbunterscheidung eignet sich beim Spaziergang in der Stadt auch das Schauen nach Autos: „Ich suche grüne und du rote Autos. Wer zuerst eines entdeckt hat, hat gewonnen.“ Oder man guckt auf die Leute und sucht nach roten, grünen, blauen oder sonstigen Kleidungsstücken. Sobald das Kind zu zählen vermag, kann man das Spiel auf fünf oder sogar zehn Autos bzw. Kleidungsstücke ausweiten.

Ganz genau muss man bei Kim-Spielen mit visuellen Aufgaben hinschauen. Kim-Spiele haben ihren Namen übrigens von Rudyard Kiplings Roman „Kim“, in dem der Straßenjunge Kim Wahrnehmungsspiele mit einem Hindu-Jungen spielt. Solche Spiele lassen sich für alle Sinne gestalten; zum Üben des genauen Hinschauens gibt es beispielsweise diese:

- Was hat sich verändert? Sie schicken Ihr Kind vor die Tür. An einem oder mehreren Gegenständen wird etwas variiert: ein Topf auf eine andere Herdplatte gestellt, ein Kleidungsstück gewechselt, die Haare verstrubbelt oder ähnliches. Wird das hinausgeschickte Kind die Veränderungen erkennen?
- Oder: Einige Gegenstände liegen auf einem Tablett. Das Kind schaut sie zehn Sekunden lang an, um sie sich einzuprägen. Dann decken Sie das Tablett mit einem Tuch ab und das Kind zählt auf, was es alles gesehen hat.
- Eine andere Variante ist, unter dem Tuch einen Gegenstand zu entfernen und das Kind dann schauen und erkennen zu lassen, was wohl fehlt.
- „Blindenhund“: Sie verbinden sich die Augen und lassen sich von Ihrem Kind durch den Raum führen. Dabei erklärt es Ihnen, was es alles sieht.

Das Riechen

Muss man das Riechen üben? Oh ja – wir Menschen haben schlechte Nasen! Hunde beispielsweise können etwa eine Million mal besser riechen als wir Menschen. Ein Schäferhund verfügt über rund 220 Mio. Riechzellen, während wir mit fünf Mio. auskommen müssen, und sein „Riechhirn" ist zudem zehnmal so groß wie unseres. Trotzdem können wir angenehme von unangenehmen Gerüchen unterscheiden. Sie lassen zudem oftmals alte Erinnerungen wieder wach werden. Haben Sie jemals im Heu gespielt? Oder waren Sie dabei, wenn Gras gemäht wurde? Haben Sie mal einem Imker beim Honigschleudern zugeschaut? Ich fand mein erstes Rasierwasser so großartig, dass ich heute noch immer wieder nach dieser Marke suche. Wie viele Frauen verwenden Parfüm? Und vermutlich werden Sie Ihr Lieblingsessen sofort am Duft erkennen.

Andere Gerüche können unangenehm sein. Während die einen Stinkekäse lieben, ist anderen Romadur-Duft höchst widerwärtig. Das ist jedoch Geschmackssache und hat viel mit Gewöhnung zu tun. Brandgeruch hingegen löst bei jedem Menschen Alarm aus, denn er könnte eine konkrete Gefahr signalisieren. Gestank von Müll oder faulen Eiern hingegen ist vor allem Ekel erregend – eine Warnung vor möglicherweise gefährlichem Gift.

Das alles sind sehr grobe Geruchseindrücke. Wenn wir jedoch üben, können wir Gerüche feiner und differenzierter wahrnehmen. Das verbessert unser persönliches Wohlbefinden und sogar die sozialen Beziehungen. Dementsprechend nützlich sind Spiele für unsere Kinder, die den Geruchssinn fordern:

- Riechtest: Man braucht stark riechende Substanzen wie Pfeffer, Vanille, Zimt, Pfefferminze, Kamille usw. Davon gibt man kleine Mengen auf je zwei Papiertaschentücher. Die bindet man zu kleinen Beuteln zusammen.

- Variante a: Man gibt seinem Kind ein Beutelchen und es soll durch Riechen aus allen anderen das Zweitexemplar herausfinden.
- Variante b – Duft-Memory: Wie beim Memory mit Bildkarten werden die Duftbeutel ordentlich ausgelegt. Die Spielpartner riechen abwechselnd immer an zwei Duftbeuteln. Wer ein Paar erwischt hat, darf es behalten und noch einmal an zwei Beuteln schnuppern. Wer am Ende die meisten Duftpaare gesammelt hat, hat gewonnen. Beim Zählen empfiehlt es sich, die Beutel zu öffnen und nachzuschauen, ob die Lösungen richtig waren.
- Duftlotto: Hier braucht man von jedem Geruch nur einen Duftbeutel, weil Sie die duftenden Substanzen alle einzeln fotografiert haben. Jetzt kann Ihr Kind jeden Duftbeutel auf das zugehörige Foto legen.
- Spürhund (für eine Kindergruppe): Jedes Kind – außer einem, das der erste Spürhund ist – erhält einen der schon bekannten Duftbeutel. Das ausgewählte Kind bekommt eine der Substanzen aus den Duftbeuteln zu riechen, merkt sich den Geruch und schnuppert nun an den Duftbeuteln der anderen Kinder, bis es den richtigen findet. Das Kind, das den passenden Beutel hatte, ist der nächste Spürhund.
- „Riechmeister" ist ein lustiges Gesellschaftsspiel. Einem Kind werden die Augen verbunden und je drei stark duftende Dinge aus einer größeren Auswahl unter die Nase gehalten: Käse, Wurst, Kakao, Zitrone, Essig, Parfüm, Schuhcreme, Seife und anderes mehr, was Kindern einfällt. Nacheinander kommen alle Kinder an die Reihe. Wer die meisten Treffer hat, ist Riechmeister.

- Duftspaziergang: Auf Wochenmärkten hat man die beste Möglichkeit, die verschiedensten Gerüche zu erkennen. Halten Sie Ihrem Kind die Augen zu und lassen Sie raten, ob es gerade vor dem Fisch- oder dem Käsestand steht. Lassen Sie mal an Melonen riechen, ob sie schon süß duften. Auch dort, wo man etwas probieren darf, kann man zuerst riechen und dann schmecken. Und wenn im Park Bäume oder Blumen blühen, kann die Nase ein Fest feiern.

Neben derlei Spielen kann man auch den gemeinsamen Waldspaziergang zum Riechen nutzen. Nimmt man kleine Gläschen samt Deckel mit, befüllt man sie an verschiedenen Stellen mit ein bisschen Erde, Gras, Rindenstücken usw. Eine Beschriftung hilft, zu Hause die Stellen zuzuordnen, von denen die Sammelobjekte stammen. Ihr Kind darf nun riechen und versuchen, sich an die Fundstellen zu erinnern.

Und riecht die Erde nicht ganz besonders intensiv, wenn es gerade geregnet hat? Duftet das Essen nicht besonders verlockend, wenn man richtig hungrig ist? Macht der Lieblingsbadezusatz das Wannenbad nicht besonders wohlig? Wenn wir auf derlei Gerüche achten, können wir auch unserem Kind leichter vermitteln, wie Düfte überall unsere Nasen ansprechen.

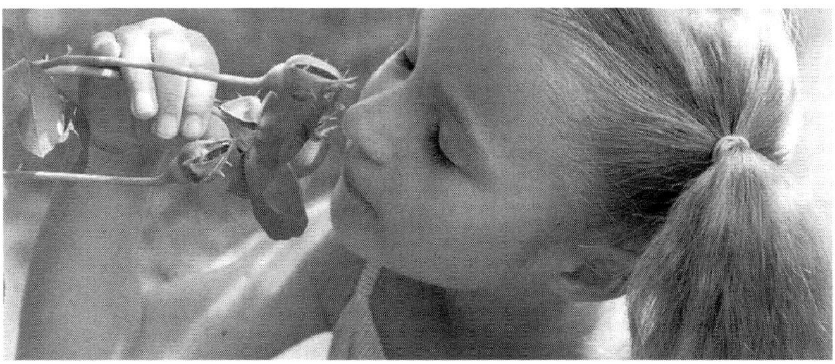

Bewusstes Schmecken und gesunde Ernährung

Vom Riechen zum Schmecken ist es nicht weit. Allerdings ist die gustatorische Wahrnehmung, wie man das Geschmacksempfinden wissenschaftlich nennt, einer unserer Nahsinne: Wir müssen etwas auf der Zunge haben, um es schmecken zu können, denn die entsprechenden Nervenzellen befinden sich genau dort sowie in der Rachenschleimhaut. Im wesentlichen können wir anhand unseres Geschmackssinnes süß, sauer, salzig und bitter unterscheiden. Dass die Wissenschaft noch ein bis zwei weitere Geschmacksrichtungen kennt, muss uns hier nicht beschäftigen.

Die Sprache verrät, dass wir Menschen von alters her intensiv über den Geschmackssinn Wahrnehmungen machen. Die Geschmackswahrnehmungen dienten ursprünglich dazu, ungenießbare oder gar giftige Nahrung (sauer, bitter) von bekömmlicher (süß, salzig) zu unterscheiden. Wenn wir davon sprechen, dass uns etwas „bitter aufstößt" oder dass wir „sauer" sind, drücken wir entsprechend negative Emotionen aus. Ein „süßer Flirt" oder ein „herzhafter Kuss" beschreiben jedoch sehr positive Erfahrungen.

Kinder, die an Halloween von Haustür zu Haustür ziehen und „Süßes oder Saures" rufen, fordern damit Süßigkeiten ein. Bekommen sie die nicht, dann „gibt's Saures" und sie spielen uns einen Streich. Dieser aus Nordamerika zu uns gewanderte Brauch zeigt schon, wo die Kleinen geschmacklich besonders zu Hause sind: Sie lieben Zucker und Süßigkeiten. Bei herzhaftem Essen geben sie sich oft sehr wählerisch. Die Vielfalt der Gemüse- und Salatewelt spricht unsere Kinder nicht so an, wie gesundheitsbewusste Eltern sich das wünschen. Dabei haben diese Vorlieben und Abneigungen häufig gar nichts mit dem Geschmack der Lebensmittel zu tun. Testen Sie ruhig einmal, was Ihr Kind mit geschlossenen Augen schmeckt, wenn Sie ihm eine Nudel, ein Stückchen gekochte Karotte oder Kohlrabi, einen Löffel Reis oder Kartoffelpürree in den Mund schieben. Schmeckt das alles gut? Erkennt es gar die Nahrungsmittel am Geschmack? Trotzdem wird es manches, was ihm eigentlich gut schmeckt, beim Hinschauen wieder ablehnen.

Zum Glück findet man im Internet jede Menge an Gerichten, die Kindern normalerweise sehr gut schmecken, von Spaghetti Bolognese über Chicken Nuggets bis zu Apfel-Pfannkuchen. Wenn sie beim Kochen helfen dürfen, schmeckt es bei Tisch in der Regel umso besser. Wichtig ist, ihnen zu vermitteln, dass alles, was Sie auf den Tisch bringen, essbar und bekömmlich ist. Eine Miniportion sollte Ihr Nachwuchs deswegen immer probieren. Ein Dessert mit frischem Obst oder Früchtequark kann dann die fehlende Menge ergänzen und liefert genug Kalorien, Vitamine, Kohlehydrate und Eiweiß. Aber mehr Süßigkeiten als Ersatz für reguläre Mahlzeiten sollten Sie keinesfalls zulassen. Ein zu hoher Zuckerkonsum führt zu Bluthochdruck, Diabetes und Übergewicht, nicht selten auch zu Fettleber. Häufig nehmen Kinder ein Drittel ihrer täglichen Kalorien in Form von Zucker und industrieller Fructose zu sich.

Was das für Auswirkungen hat, zeigt eine amerikanische Studie (Universitätsklinikum Benioff Children's Hospital San Francisco). Dabei wurden übergewichtige Kinder eine Zeit lang mit einer Diät ernährt, die nur zehn Prozent Zucker und vier Prozent industrielle Fructose aufwies, dafür aber viel mehr stärkereiche Produkte (Hotdogs, Pommes, Pizza) und auch Obst enthielt. Die Kalorienmenge wurde nicht reduziert. Schon nach neun Tagen zeigten sich positive Effekte: Die Werte für Blutdruck, Blutfette und LDL-Cholesterin waren gesunken, die Leberfunktion hatte sich verbessert und die Insulinwerte waren gar um ein Drittel zurückgegangen! Zucker ist also noch viel schädlicher, als der Zahnarzt mahnt. Er greift den gesamten Organismus an und beeinträchtigt schließlich sogar die Intelligenz, während eine gesunde, nährstoff- und vitaminreiche Ernährung von klein auf die Intelligenzwerte zu steigern vermag.

Der Tastsinn

Mit dem Tastsinn meint man, wenn man es genau nimmt, die taktile Wahrnehmung, also Empfindungen, die durch Berühren über die Haut zu spüren sind. Schon im Mutterleib kann das Ungeborene die Berührungen mit der Gebärmutterwand wahrnehmen. Deswegen ist der Tastsinn beim Neugeborenen bereits vorhanden, braucht aber noch rund sechs Jahre, bis er so gut und rasch wie bei Erwachsenen funktioniert.

Der Tastsinn wird angesprochen, wenn das Kind mit den Händen fühlt, wie eine Oberfläche beschaffen ist, wie ein Bart kratzt und eine Rutsche glatt ist. Doch auch Berührungen, die das Kind von anderen erreichen, ein Streicheln also oder ein Stoßen, ebenso das Anlehnen an der Wand oder das Abrubbeln mit dem Handtuch, sind Wahrnehmungen des Tastsinns. Wie bei allen Sinnen fördern angenehme Berührungen das Wohlbefinden, sowohl körperlich als auch seelisch. Kinder brauchen es von Anfang an zu schmusen, gestreichelt zu werden, Umarmungen und Küsschen – solche Aktionen vermitteln Ihnen Sicherheit und Wohlbefinden. Allerdings gibt es rund fünf Prozent Ausnahmen – Kinder, die an einer angeborenen Wahrnehmungsstörung leiden und deshalb anders reagieren, doch um sie geht es nicht in diesem Buch.

Babys lieben es, alles anzufassen und in den Mund zu stecken. Bei ihnen ist der Tastsinn von Lippen, Zunge und Gaumen besonders sensibel. Doch das gibt sich im Laufe der Zeit. Im Vorschulalter können Kinder ihren Tastsinn spielerisch ganz intensiv erproben:

- Schauen Sie mit einer Lupe die Haut, beispielsweise an den Fingerkuppen, genau an. Lassen Sie Ihr Kind die feinen Rillen untersuchen und machen Sie mit Hilfe eines Stempelkissens Fingerabdrücke auf Papier. Jetzt kann man sie besonders gut vergleichen und wird feststellen: Es gibt keine zwei Fingerabdrücke auf der Welt, die identisch sind.
- Lassen Sie Ihr Kind Oberflächen berühren und streicheln, um ihre unterschiedliche Beschaffenheit wahrzunehmen. Ein rauer Baustein fühlt sich ganz anders an als die Marmorplatte im Flur, ein Jeansstoff glatter als ein Wollpulli, ein Pfirsich rauer als eine Nektarine.
- Beim Waschen im Badezimmer können Sie und Ihr Kind sich zunächst selber unter den Fußsohlen kitzeln, dann gegenseitig. Ist es nicht seltsam, dass es eher kitzelt, wenn ein anderer das tut?
- Besonders vor dem Einschlafen kann eine kleine Massage gut tun. Ob Sie dabei mit den Händen massieren, mit ei-

nem Frottiertuch oder einem Igelball, fühlt sich sehr unterschiedlich an. Was gefällt Ihrem Kind am besten?

- Das Malen mit Fingerfarben fördert den Tastsinn genauso, wie im Sandkasten zu spielen, dort Gräben zu ziehen oder gar am Strand eine Burg mit den Händen zu bauen. Am Strand habe ich einmal miterlebt, wie ein Junge sich vom Papa einbuddeln ließ, bis nur noch der Kopf herausschaute. Als er sich schließlich befreite, war seine Begeisterung riesig.
- Gerade am Strand ist das Barfußlaufen besonders beliebt und natürlich. Aber wenn man auf herumliegende Muscheln tritt, spürt man das vielleicht sogar schmerzhaft. Auf dem Rasen hinter dem Haus braucht man sicher auch keine Schuhe. Und wie unterschiedlich fühlen sich Erde, Steinplatten, Rasen, Holz usw. unter den Füßen an?
- Kinder lieben es, Seifenblasen zu produzieren. Und wie fühlt es sich an, wenn man sie mit der Hand, der Stirn oder der Wange berührt und platzen lässt?
- Schminken und sich mit Körperfarbe zu bemalen macht nicht nur kleinen Mädchen Spaß.
- Ein beliebtes Spiel bei Schulfesten ist das Tast-Memory, das man auch zu Hause spielen kann. In zwei verschlossenen Schuhkartons befinden sich die gleichen Gegenstände: eine Glasmurmel, ein Radiergummi, ein Stift, ein Würfel, ein eingewickeltes Bonbon usw. Beide Kartons brauchen an einer der Endseiten eine Öffnung. Unter einer Decke, damit man nicht durch die Öffnung hineinschauen kann, greift das Kind mit beiden Händen gleichzeitig in beide Kartons und versucht, gleiche Gegenstände zu finden und herauszuholen.
- Bei der Schatzsuche füllen Sie Spielsand in eine Schüssel und verstecken darin beispielsweise Glasmurmeln. Kann Ihr Kind unter einem Tuch alle Glasmurmeln mit den Händen finden?

- Heimwerker haben sicherlich genügend Muttern oder Schrauben unterschiedlicher Größe, um jeweils zwei gleich große in einer Schachtel als Tastspiel fürs Kind aufzubewahren. Etwa zehn Paare mit verbundenen Augen herauszufischen ist schon eine Herausforderung. Das gleiche Spiel funktioniert auch mit Paaren unterschiedlicher Nudeln.

Motorische Geschicklichkeit

Feinmotorische Geschicklichkeit brauchte Aschenputtel, als sie im Märchen die Aufgabe bekam, Linsen zu sortieren. Zum Glück halfen ihr zwei Tauben dabei. Geschicklichkeit ist eine Fähigkeit, die unterschiedlich gut ausgeprägt sein kann. Ein Feinmechaniker oder ein Uhrmacher brauchen ein gutes Auge sowie geschickte Finger. Zauberer wie Werkzeugmacher müssen gleichfalls sehr geschickt bei der Arbeit sein, wenn sie auch nicht ganz so feinfühlig sein müssen. Geschicklichkeit ist nicht nur Fingerfertigkeit – auch Artisten brauchen sie bei ihren Kunststücken, und Kochen oder Gartenarbeit erfordern sie genauso wie viele Sportarten. Je müheloser, schneller und exakter man etwas mit den Händen oder dem ganzen Körper tun kann, desto geschickter ist man.

Mein erstes Geschicklichkeitsspiel bekam ich, als ich auf einer Kirmes ein kleines Döschen geschenkt bekam, in welchem drei kleine Kugeln in drei Löcher bugsiert werden sollten. Durch Hin- und Herneigen der Dose oder leichtes Schütteln gelang es mir bald, eine Kugel unterzubringen, doch die fiel gleich wieder heraus, als ich die zweite einlochen wollte. Es dauerte etliche Tage, bis ich alle drei Kugeln „versenken" konnte.

Viele Spiele trainieren die Geschicklichkeit, ohne dass wir sie als Geschicklichkeitsspiel benennen. LEGO ist eines der bekanntesten, aber auch ein Bausteinkasten, mit dessen Inhalt Kinder Häuser oder Burgen bauen können, ob frei oder nach Planvorlage, trainiert die motorische Geschicklichkeit. Weitere Geschicklichkeitsspiele sind:

- Klettern auf Klettergerüste oder Bäume und Balancieren auf Gehsteigkanten, Mauern, umgestürzten Bäumen im Wald oder einem Schwebebalken trainieren die grobmotorische Geschicklichkeit.
- Hüpfspiele wie „Hickelkasten" oder „Himmel und Hölle" fördern sie ebenso, nur dass solche Spiele nach klaren Regeln ablaufen.
- Beim Gummitwist üben Kinder nicht nur das Hüpfen und Springen, sondern trainieren auch ihr Rhythmusgefühl. Springen Kinder gemeinsam und synchron, entwickeln sie gleichzeitig soziale Fähigkeiten.
- Auf Jahrmärkten gehören Dosenwerfen und Enten angeln zu den beliebtesten Geschicklichkeitsspielen für Kinder.
- Bei schlechtem Wetter kann man Indoor-Basketball spielen. Im Zimmer wird ein Papierkorb auf ein Regal oder auf einen Stuhl auf dem Tisch gestellt, in den man mit einem Softball zu treffen versucht.

- Münzen werfen ist gleichfalls ein Spiel für drinnen. Die Spieler werfen aus etwa drei Metern Entfernung je eine Münze oder einen Metallknopf in Richtung der Wand. Derjenige, dessen Münze am nächsten an der Wand liegen bleibt, gewinnt die Münzen der anderen. (Am Ende können die Münzen in Gummibärchen eingetauscht werden.)
- Fingergeschicklichkeit erfordern Handarbeiten, ob Häkeln, Stricken oder Nähen, ob Bauen oder Basteln.
- Beim Fadenspiel, auch Hexenspiel genannt, werden mit beiden Händen und einer geschlossenen Kordel Figuren geknüpft. Man kann es alleine spielen, aber auch zusammen mit anderen.
- Mikado ist trotz seines japanischen Namens ein europäisches Spiel, bei dem nicht nur Fingergeschicklichkeit, sondern auch Geduld und Frustrationstoleranz auf die Probe gestellt werden. Insgesamt 41 gleich lange Stäbe, die anhand farbiger Streifen in fünf Klassen mit unterschiedlichen Werten eingeteilt sind, werden auf einem Tisch oder dem Fußboden gebündelt aufgestellt und auseinanderfallen gelassen. Die Spieler versuchen abwechselnd, sie einzeln aufzunehmen, ohne dass ein anderer Stab wackelt. Vorschulkinder können natürlich die Werte noch nicht addieren, aber das vorsichtige Aufheben trainiert auf jeden Fall ihre Fingergeschicklichkeit.
- Apfel-Fischen ist ein herrlich lustiges Spiel für Balkon oder Terrasse. Es erfordert motorisches Geschick von Nacken und Mund. Ein Apfel schwimmt in einer großen Schüssel mit viel Wasser, den die Kinder, eines nach dem anderen, herausholen sollen, ohne die Hände zu benutzen. Er ist zu groß, um einfach hineinzubeißen, und er flutscht weg, wenn man ihn auf den Boden der Schüssel drücken will. Am besten hat man so viele gleich große Äpfel parat, wie Kinder dabei sind.

Derlei Spiele gibt es massenhaft. Bei Rosemarie Portmann, einer Psychologin und Autorin von Kinderspiel-Büchern, habe ich gelesen, dass Kinder um das Jahr 1900 herum im Durchschnitt hundert Spiele kannten, die man ohne Hilfsmittel im Freien praktizieren konnte. Um das Jahr 2000 herum seien es durchschnittlich nur noch fünf gewesen. Und wie viele sind es heute?

Natürlich gibt es auch elektronische „Geschicklichkeitsspiele", doch bei ihnen geht es nicht um ganzheitlich-motorisches Geschick. Die heutige Spielewelt mit ihren zahllosen elektronischen Verlockungen, mit Blinklichtern und Tonsignalen, wirkt zwar attraktiv, aber sie hat nicht annähernd solche Trainingseffekte wie die oben geschilderten Übungen der Körpermotorik.

Quizspiele und Rätsel

So, wie Geschicklichkeitsspiele der körperlichen Fitness dienen, nützen Quizspiele und Rätsel der geistigen Fitness. Dabei geht es bei weitem nicht nur um Gedächtnisleistungen, sondern auch um Stressresistenz, Frustrationstoleranz und Denkvermögen. Insofern sind solche Spiele der baldigen schulischen Wirklichkeit recht nahe. Allerdings – die meisten Spiele dieser Art sind für Kinder konzipiert, die bereits lesen können. Insofern müssen wir manche Spielregel einfach ein wenig ändern.

- Beim „Kofferpacken" allerdings ist das nicht erforderlich. Es eignet sich auch für Autofahrten, sofern es mindestens einen Mitspieler gibt. „Ich packe meinen Koffer und packe eine Zahnbürste ein", könnte einer anfangen. Der Andere wiederholt und ergänzt einen Gegenstand: „Ich packe meinen Koffer, packe eine Zahnbürste und Zahnpasta ein." Der Nächste wiederholt und packt vielleicht den Schlafanzug dazu, der Übernächste ein Malbuch usw. Wer etwas vergessen hat, scheidet für dieses Mal aus; wer am Schluss übrig ist, hat gewonnen. Am besten spielt man anschließend gleich eine Revanche.
- Auch bei Reisen geeignet ist „Was ist größer?" Fragen Sie einfach nach zwei Tieren wie Schwein und Kuh, nach Fahrzeugen wie Papas Auto und LKW oder nach Apfel und Melone. Ihr Kind soll sich dann entscheiden und benennen, was es für größer hält. Natürlich kann man es auch in der Variante „Was ist kleiner?" oder „Was ist bunter?" spielen.
- „Was kann die Kuh" ist ein Rätselspiel für zwei bis viele Kinder. Eines fragt beispielsweise: „Was kann die Kuh?" Reihum gibt jeder eine Antwort: muhen, Milch geben, wiederkäuen, dicke Haufen setzen, …. Jede Antwort gibt einen

Punkt; Wiederholungen zählen nicht. Wenn niemand mehr eine Antwort weiß, fragt ein anderes Kind nach dem nächsten Begriff, ob Hund, Pferd, Fahrrad oder Eisenbahn – der Fantasie sind keine Grenzen gesetzt.

Rätsel für Vorschulkinder findet man natürlich in entsprechenden Büchern, aber auch auf zahlreichen Websites. Der Begriff „Rätsel für Vorschulkinder" hilft in Suchmaschinen weiter. Je fantasievoller Rätsel formuliert sind, desto mehr Spaß bereiten sie nicht nur den Kleinen, sondern auch uns selbst. Viele sind in Reimform verfasst, wie beispielsweise dieses:

„Hat ein weißes Röckchen an,
freut sich, dass es fliegen kann.
Fängst du es mit den Händen ein,
wird es bald geschmolzen sein."

(Lösung: Schneeflocke)

Manche Internetseiten bieten online-Rätsel an, die durchaus empfehlenswert sind. So findet man auf „www.wdrmaus.de/elefantenseite" nicht nur kleine Filme oder ganze Sendungen, sondern auch Rätsel und Bastelanregungen. Generell sollte man sein Kind jedoch nicht mit dem PC alleine lassen. Und: 30 Minuten Bildschirmzeit pro Tag sind im Vorschulalter völlig ausreichend – für alle Medien zusammen!

Hilfestellung für Eltern bietet „klicksafe.de" mit fundierten Anregungen, praktischen Tipps und sogar Kopiervorlagen für Verträge mit dem Nachwuchs. Es gibt dort aber auch die Rubrik „klicksafe.de/fuer-kinder" mit einer Suchmaschine speziell für die Kinderseiten fragFINN, Helles Köpfchen und Blinde Kuh. Da braucht Ihr Vorschulkind natürlich noch Ihre Hilfe. Aber vielleicht ist gerade dieser Umstand eine besondere Motivation, in der Schule bald Lesen lernen zu wollen.

Konzentrationsspiele

Wie zu Anfang dieses Kapitels bereits dargestellt, spielt die Konzentrationsfähigkeit eines Kindes vor seiner Einschulung kaum eine Rolle. Erst im Unterricht wird sie wirklich gebraucht und deswegen gefordert. Frage ich Lehrkräfte an Grundschulen, wieviel Prozent ihrer Schülerinnen und Schüler Probleme mit der Aufmerksamkeit haben, bekomme ich Antworten zwischen 20 und 80 Prozent. Das liegt zum einen an der Lage der Schule: Auf dem Land ist die Konzentrationsfähigkeit der Kinder deutlich besser als in der Stadt. Das liegt aber auch an dem unterschiedlichen Verständnis der Lehrerinnen von „schlechter Konzentration“. Insofern ist verständlich, dass es keine zuverlässigen Zahlen zu der Frage gibt, wie groß der Anteil der Kinder mit Konzentrationsschwierigkeiten ist. Die Medizin kann uns lediglich sagen, dass etwa fünf bis sieben Prozent eines Jahrgangs unter ADHS bzw. ADS leiden, also dem „Aufmerksamkeitsdefizit-Syndrom mit bzw. ohne Hyperaktivität“. Doch AD(H)S- Kinder spielen in diesem Buch keine Rolle. Sollten Sie den Verdacht haben, dass Ihr Kind von dieser Störung betroffen sein könnte, brauchen Sie die Überweisung Ihres Kinderarztes für einen Termin in einer sozialpädiatrischen Ambulanz (Adressen auf www.dgspj.de).

Für eine gute Konzentration spielen genügend Schlaf sowie gesunde Ernährung wesentliche Rollen – für Kinder wie auch für

Erwachsene! Darüber hinaus kann man schon vor der Schule die Fähigkeit üben, sich vertieft auf Beschäftigungen einzulassen, die das Kind nicht von sich aus wahrnimmt. Bereits das Mithelfen im Haushalt beim Abtrocknen oder Tischdecken erfordert Aufmerksamkeit. Und wenn Sie mit Ihrem Kind beispielsweise Memory spielen, was bereits viel wache Aufmerksamkeit erfordert, können Sie vielleicht noch eine kleine Übungsvariante anschließen: Legen Sie sechs verschiedene Bilder offen nebeneinander hin. Ihr Kind soll sie sich genau anschauen und sich dann umdrehen. Jetzt entfernen Sie ein Bild aus der Reihe und schieben die restlichen wieder zusammen, damit keine Lücke offen bleibt. Wird Ihr Kind wissen, welches Kärtchen fehlt?

Es gibt eine Menge sinnvoller Spiele, mit denen man ganz nebenbei die Konzentration trainiert. Puzzles gehören auf jeden Fall dazu. Achten Sie aber darauf, dass die Puzzles nicht zu viele Teile haben und dadurch zu schwierig sind. Die Altersangaben auf den Schachteln wie „ab 5 Jahre“ sind für manche Kinder zu optimistisch. Sie werden es merken, ob Ihr Kind mit der Aufgabe zurechtkommt oder nicht. Im negativen Fall lassen Sie dieses Puzzle eben mal ein halbes Jahr lang liegen und besorgen sich eines für Jüngere.

Memory können Kinder meistens erfolgreicher spielen als wir Erwachsenen. Das liegt daran, dass das Gedächtnis im Kindesalter anders funktioniert als bei Erwachsenen. Unsere Kleinen prägen sich Details leichter ein als wir, dafür vergessen sie sie auch schneller wieder – und wir sind besser beim Denken in Zusammenhängen. Umso motivierender ist das Memory-Spielen für Kinder, weil sie eine größere Gewinnchance und mehr Erfolgserlebnisse haben.

Sehr genau hinsehen muss man bei Differix oder auch bei „Schau genau!“ Bei beiden Spielen geht es ums genaue Hinschauen, weil man Bilder nach Kleinigkeiten unterscheiden soll. Mit System kommt man dabei auf Dauer besser zurecht als mit Tempo. Das muss ein Kind in der Regel aber erst merken, um erfolgreicher zu werden. Da es bei diesen beiden Spielen jedoch keinen Gewinner geben muss, kann man das aufmerksame Vergleichen locker angehen. Übrigens – viele solcher Spiele liegen in Leihbüchereien zur freien Nutzung aus!

Ein Klassiker unter den Lernspielen ist miniLÜK. LÜK ist die Abkürzung für „Lernen, Üben, Kontrollieren". Es besteht aus einem flachen Kasten mit zwei mal sechs Feldern sowie zwölf Plättchen dazu. Die Übungen finden sich in Heften oder auch Büchern ab vier Jahren. Jede Übung besteht aus zwölf Aufgaben. Das Plättchen mit der entsprechenden Nummer wird immer auf dem im Heft angegebenen Lösungsfeld des Kastens abgelegt. Am Ende klappt man ihn zu, dreht ihn um, öffnet ihn erneut und vergleicht nun, ob das Muster der zwölf Plättchen dem entspricht, das im Aufgabenheft abgebildet ist. Wo Fehler sind, nimmt man die Plättchen heraus und versucht, diese Aufgaben noch einmal zu lösen. Erfahrungsgemäß kommen Kinder recht bald selbstständig mit dem LÜK-System zurecht. Da es Aufgabenmaterial auch für die Schulfächer gibt, bleibt dieses Spiel viele Jahre lang attraktiv.

Kleine Künstler

Die meisten Kinder lassen sich gerne zu kleinen Kunstwerken inspirieren. Eine große Rolle spielen dafür natürlich die wichtigsten Vorbilder: ihre Eltern. Wer selbst Freude an Bildern hat und vielleicht sogar zeichnet, malt oder Collagen gestaltet, wird seinen Nachwuchs automatisch inspirieren. Wer selbst ein

Instrument spielt und zu Hause immer wieder übt, wird erleben, dass sein Kind das gerne nachmachen und sich gleichfalls an Instrumenten versuchen will. Und beides, das Malen wie das Musizieren, stärkt die Intelligenz.

Malen fordert die Vorstellungskraft heraus, fördert die Feinmotorik und stärkt das Selbstbewusstsein. Es trainiert die Handmotorik genauso wie die Fantasie und macht Kinder dadurch stolz auf ihre kleinen Kunstwerke. Malen ist tatsächlich eine Art Training für das Gehirn und lässt unsere Kleinen nach und nach lernen, wie sie ihre Ideen konkret umsetzen können. Dabei brauchen sie weder unsere Kritik noch Lobhudeleien. Am besten spricht man mit seinem Kind über ein Bild, indem man fragt, ob es etwas darüber erzählen mag. Sollten Eltern selber nicht künstlerisch tätig sein, können sie trotzdem mit ihrem Kind gemeinsame Malstunden veranstalten. Das zeigt ihm nämlich, dass Mutti und Vati gerne mit ihm zusammen sind und gemeinsam kreativ sein wollen. Besser kann man die Eltern-Kind-Bindung kaum stärken.

Wichtig ist, dass immer genug Material für künstlerische Betätigung vorhanden ist. Fingerfarben machen besonderen Spaß. Auf großen Papierbögen oder der Rückseite von Tapetenresten können familiäre Gemeinschaftsproduktionen entstehen, die besonders viel Freude bereiten. Zeichenblock und (möglichst dicke) Farbstifte verlocken zu immer konkreteren Bildern, auf denen Erlebnisse und Geschichten dargestellt werden. Wachsmalstifte erlauben ein leichtes, schnelles Schraffieren von Flächen. Mit Wasserfarben zu experimentieren erweitert die künstlerischen Gestaltungsspielräume enorm und fördert die technische Planung eines Bildes.

Malbücher, die lediglich zum Ausmalen dienen, haben nur einen begrenzten Wert. Kinder können zwar durchaus Spaß daran haben, etwa einen Clown schön bunt zu gestalten, aber letztlich ist das langweilig. Nur das eigene Darstellen von Personen, Tieren, Blumen, Bäumen und Häusern ist kreativ, damit anregend und förderlich für Fantasie und Intelligenz.

Das leistet natürlich auch das Musizieren. Diese Tätigkeit ist hochkomplex und besonders anregend für unser Gehirn. Wenn man ein Instrument spielt, ob Klavier, Geige, Gitarre oder Flöte, lernt man „Multitasking“. Das ist die Fähigkeit, mehrere Dinge gleichzeitig zu tun. Schließlich liest man Noten, übersetzt sie in Finger-, Hand- und/oder Mundmotorik, beachtet Rhythmik, Körperhaltung und Atmung. Von 1992 bis 1998 hat der Musikpädagoge Hans Günther Bastian (verstorben 2011) einen Langzeitversuch mit Kindern an sieben Berliner Grundschulen durchgeführt. Die Hälfte der beteiligten Schulklassen erhielt normalen Musikunterricht, die andere Hälfte durfte eine Stunde pro Woche zusätzlich gemeinsam im Orchester musizieren. Die Kinder mit verstärktem Musikunterricht entwickelten im Laufe der sechs Grundschuljahre einen höheren Intelligenzquotienten als die der Kontrollgruppe. Sie wiesen signifikante IQ-Zuwächse auf, ob weniger oder besser begabt. Man darf also tatsächlich davon ausgehen, dass Musizieren die Intelligenz stärkt.

Im Vorschulalter geht es aber noch nicht darum, sondern zunächst nur um die Freude daran, Klänge und Rhythmus zu erzeugen. In der Musikschule können Kinder das systematisch erfahren. In der Familie ist das gemeinsame Singen die wichtigste musikalische Fördermaßnahme. Darüber hinaus sind ein kleines Keyboard oder die Melodica geeignete Instrumente für Kinder ab dem Vorschulalter, um erste Erfahrungen mit dem Musizieren zu machen. Aber dort, wo ein Klavier steht und auch benutzt wird, werden Kinder schon viel früher anfangen, es zu erlernen.

Neben dem Malen und Musizieren gibt es jedoch mindestens noch eine weitere bedeutende Kunstart, auf die Kinder gerne „abfahren", nämlich das Spielen mit Kasperlepuppen. Kasperle, Gretel, König und Königstochter, Räuber und Schutzmann sind Rollen genug, um seine Fantasie zu entwickeln, sich Theaterstücke auszudenken und zu spielen. Aber Kinder merken schnell: Alleine Theater zu spielen, macht wenig Spaß. Man braucht Geschwister oder Freunde dazu. Und jetzt muss man aushandeln, wer welche Rolle übernimmt und was für eine Geschichte man spielen will. Auch ohne Puppen spielen Kinder gerne Theater, vor allem unendlich viele Variationen von Vater, Mutter und Kind. Mit Kasperle jedoch wird alles vielfältiger, inhaltlich reicher und fantasievoller. Kinder können dabei ausprobieren, ganz anders zu sein, als sie eigentlich sind. Ein schüchternes Mädchen als Räuber, ein zurückhaltender kleiner Junge als Kasperle – das bietet Erfahrungen, die im Alltag kaum zu machen sind.

Damit Kinder lernen, sich zu verständigen und gemeinsam eine richtige Geschichte zu entwickeln, brauchen sie ab und zu das Erlebnis einer Vorführung. Vielleicht können Eltern mal am Sonntagmorgen ihren Kindern eine Geschichte vorspielen, mit dem Räuber, der der Prinzessin ihre Kaffeemühle geraubt hat, und dem mutigen Kasperle, der sie gemeinsam mit Gretel wieder zurückholt. Wie im „richtigen" Kasperletheater werden sie ihr Publikum, also die Kinder, einbeziehen: „Habt ihr den Räuber gesehen? Wo steckt er bloß?" Mit Sicherheit werden die Kinder laut rufen: „Da hinten, da ist er doch!" Und sie werden auch helfen, wenn Kasperle ihre Lautstärke braucht, um den Polizisten zu Hilfe zu holen.

Das Kasperletheater fordert und fördert vor allem die Fantasie, den Einfallsreichtum, die Kreativität. Es macht in jedem Alter Spaß, von klein auf bis zum Opa. Im Spiel gibt es auch kein Alter, sondern nur Rollen. Vorschulkinder profitieren also besonders, wenn auch ältere Kinder oder Erwachsene mitspielen. Die Hauptsache dabei ist jedoch gar nicht die Aufführung, sondern sind die Vorbereitungen. Hier müssen Kinder Ideen entwickeln, eine Handlung einüben, aber auch Plakate zur Ankündigung malen und ein Bühnenbild gestalten. Der zeitliche Aufwand dafür ist also normalerweise sehr viel höher als der für die eigentliche Aufführung. Mehr Kreativität können Kinder kaum entfalten.

2 Schulreife – Schulfähigkeit

oder: Körperlich-geistiger Entwicklungsstand zum Einschulungszeitpunkt

„Ich bin schon schulreif,
aber Mama nicht."

(Aussage eines Jungen bei der Einschulung.)

Fünf Fragen zur körperlichen, zehn zur geistigen sowie acht zur sozialen und emotionalen Entwicklung – das wird Eltern auf einer Internetseite als „Checkliste" angeboten, um die „Schulreife" ihres Kindes einschätzen zu können. Ergänzend dazu gibt es einen „Test", der mit fünfzehn Fragen Aufklärung für das Anliegen verspricht, „ob Ihr Kind den Schulalltag schon bewältigen könnte." Wenn es nur so einfach wäre! Der Begriff „Schulreife" wird heutzutage eigentlich gar nicht mehr verwendet, weil er sachlich untauglich ist. Die Reife eines Apfels kann man sehen, riechen und schmecken. Wann ein Kind „reif für die Schule" ist, kann man ihm jedoch nicht ansehen. Der körperliche Entwicklungsstand, um den es im weiteren Verlauf dieses Kapitels geht, ist nämlich nur ein Teilbereich dessen, was man als „Schulfähigkeit" bezeichnet. Daneben spielen kognitive, motivationale sowie soziale Fähigkeiten eine wesentliche Rolle (vgl. die folgenden Kapitel). Auch die Konzentrationsfähigkeit ist bedeutsam, selbst wenn sie bei der Beurteilung der Schulfähigkeit eines Kindes nicht eigens untersucht wird.

Vielleicht erinnern Sie sich noch an die Methode, ein Kind mit dem rechten Arm über den Scheitel hinweg ans linke Ohr fassen zu lassen? Alter und Wachstum galten früher als entscheidende Maßstäbe zur Beurteilung der Schulreife; das Wachstum wurde u. a. auf diese Weise überprüft. Es stellt jedoch nur einen kleinen Teilbereich der körperlichen Aspekte für Schulfähigkeit dar.

Aktueller Gesundheitszustand

Kinder haben, so wie alle Menschen zu jeder Zeit des Lebens, bei der Einschulung eine unterschiedliche Verfassung. Sie unterscheiden sich im Alter, in der Größe sowie im Gewicht. Wie sie gesundheitlich in der Lage sein werden, den Anforderungen des Schulalltags standzuhalten, wird in der vorangehenden Schuleingangsuntersuchung (SEU) beurteilt. Eine Ärztin oder ein Arzt des jeweils zuständigen Gesundheitsamtes beurteilt jedes einzelne Kind, das im kommenden Sommer eingeschult werden soll, aus medizinischer Sicht – so sehen es die Gesetze in allen Bundesländern vor. Es geht dabei nicht mehr, wie noch zur Kinderzeit der Eltern, um die „Feststellung der Schulfähigkeit". Vielmehr soll die Untersuchung ermitteln, welche Voraussetzungen erfüllt sein müssen, damit ein Kind möglichst erfolgreich und mit Freude lernen kann.

> *„Bei der Schuleingangsuntersuchung macht sich der Schularzt ein Bild vom Gesundheits- und Entwicklungsstand eines jeden Kindes. Die Eltern werden zur gesundheitlichen Vorgeschichte befragt, Vorsorgeheft und Impfausweis werden durchgesehen, Größe und Gewicht des Kindes ermittelt sowie das Seh- und Hörvermögen überprüft. Bei besonderen Fragestellungen oder bei fehlenden Vorsorgeuntersuchungen wird das Kind auch orientierend körperlich untersucht.*

Der Entwicklungsstand des angehenden Schulkindes wird mit einem standardisierten Untersuchungsverfahren ermittelt."

(Die Gesundheit der Schulanfängerinnen und Schulanfänger in Dortmund. Daten der Schuleingangsuntersuchung [SEU] 2008–2011)

Welches standardisierte Untersuchungsverfahren eingesetzt wird, liegt in der Verantwortung der Gesundheitsämter. Auf jeden Fall sammelt die Schulärztin bzw. der Schularzt Daten zu Aufmerksamkeitsverhalten, Auge-Hand-Koordination, logischem Denkvermögen, Sprachvermögen, Bewegungsfähigkeit, Zahlen- und Mengenverständnis sowie Lernverhalten. Wenn sich besondere Auffälligkeiten herausstellen, werden den Eltern weitere Untersuchungen bei Fachärzten anempfohlen. Die Ergebnisse der Schuluntersuchungen werden schließlich an die Schulen weitergeleitet, um den Lehrkräften Hinweise für Fördermaßnahmen zu geben.

Aus den Auswertungen der Schuleingangsuntersuchungen mehrerer Jahrgänge hat das Dortmunder Gesundheitsamt Faltblätter mit Fördertipps für die Eltern entwickelt. Unter dem Titel „Fit für die Schule“ und grafisch begleitet vom gezeichneten Oskar bieten sie praktische Anregungen zu Zahlen- und Mengenverständnis, Hörwahrnehmung, Malen und Schreiben sowie zur Bewegungs- und Geschicklichkeitsförderung (https://www.dortmund.de/de/leben_in_dortmund/ gesundheit/gesundheitsamt/kinderundjugendliche/einschulungsuntersuchung/index.html).

Im Faltblatt zum letztgenannten Thema wird empfohlen, den Kindern zu jeder Jahreszeit mindestens eine Stunde tägliche Bewegung zu ermöglichen. „Bewegung bringt den Kreislauf in Schwung, schult das Gleichgewicht und ist notwendig für den Muskel- und Knochenaufbau. Über die Bewegung entdecken die Kinder ihre Welt und ganz nebenbei wird ihre geistige und körperliche Entwicklung vorangetrieben“, heißt es darin.

Das Faltblatt empfiehlt Gummi-Twist und Seilspringen oder Hula Hoop als Koordinationsübungen sowie das Fahren mit Laufrad, Roller und Fahrrad für den Gleichgewichtssinn. Es werden Spiele wie Hinkelkästchen vorgeschlagen, um sowohl Geschicklichkeit und Motorik als auch das Miteinander der Kinder nach Regeln zu trainieren. Das Binden einer Schleife wird ab fünf Jahren empfohlen – genauso wie meine Oma es mich einst üben ließ: den Schnürsenkel an einen Schubladengriff binden und dort Knoten und Schleife trainieren, bis es am Schuh klappt. Auch schwimmen lernen wird ab fünf Jahren empfohlen. Der Dortmunder StadtSportBund hat das Programm „Kinder in Bewegung“ initiiert und gibt allen Erstklässlern einen Gutschein aus, der über sechs Monate die kostenlose Mitgliedschaft in einem Sportverein ermöglicht. Natürlich warnt das Faltblatt auch vor zu hohem Medienkonsum.

Die Lektüre dieses Faltblatts zaubert mir ein Lächeln ins Gesicht – und ist doch gleichzeitig erschütternd. Ich habe Bilder von seilspringenden Kindern vor Augen, die sich in den achtziger Jahren während der großen Pausen auf dem Schulhof austobten. Gummi-Twist war mindestens genauso beliebt, und auch Fangen wurde gespielt. Es gab an vielen Schulen große Kästen oder Holzhäuschen mit Pausenspielzeug, oft von den Kindern selbst verwaltet. Bewegung war damals ein wesentlicher Bestandteil kindlicher Aktivität. Heute ist sie nicht mehr so populär, obwohl sie doch ein Grundbedürfnis des Menschen darstellt. Die heutigen Kinder bewegen sich viel weniger, treiben weniger Sport und haben eine geringere Ausdauer als die Generation ihrer Eltern und Großeltern. Überall entstehen deswegen Initiativen mit dem Ziel, Kinder vermehrt in Bewegung zu bringen.

So hat der Sportkreis Frankfurt e.V., die Dachorganisation aller Frankfurter Turn- und Sportvereine, gemeinsam mit der Stadt Frankfurt „Schulkids in Bewegung" initiiert – wegen „der Zunahme von Übergewicht und Entwicklungsdefiziten bei Schulanfängern":

> „*Die Ergebnisse der Schuleingangsuntersuchungen des städtischen Gesundheitsamtes offenbaren, dass etwa jeder achte Schulanfänger in Frankfurt an Übergewicht leidet. Auch im Bereich der motorischen und sprachlichen Fähigkeiten weisen die Kinder vermehrt Entwicklungsdefizite oder gar Entwicklungsstörungen auf – häufig die Folgen mangelnder Bewegung.*"
>
> (http://www.sportkreis-frankfurt.de/schulkids-in-bewegung.html)

Die „Sportmetropole Berlin" hat gar allen Erstklässlern im Schuljahr 2017/18 gefüllte Turnbeutel spendiert:

„Mit dem Ziel, unsere ABC-Schützen bereits im frühen Alter an die vielfältige Berliner Sportlandschaft heranzuführen, wurden auf Initiative von Berlin Partner alle Berliner Grundschulen eingeladen, sich an der Turnbeutel-Aktion zu beteiligen. An 179 Grundschulen mit ca. 14.600 Erstklässlerinnen und Erstklässlern werden die neuen Turnbeutel verteilt.
Berlin Partner, der Landessportbund Berlin und die sechs Berliner Proficlubs haben für eine Befüllung der Turnbeutel gesorgt. Enthalten sind u. a. ein Gutschein von Berliner Sportvereinen für ein Probetraining, Ticketgutscheine der sechs Proficlubs sowie nützliche Dinge des Schulalltags. Finanziert wird die Aktion durch die Senatsverwaltung für Inneres und Sport mit Unterstützung des Landessportbundes Berlin.“

(https://www.berlin.de/sen/inneres/presse/pressemitteilungen/2017/pressemitteilung.628491.php)

Begründet wird diese Aktion mit der Stärkung des Gemeinschaftsgefühls durch Sport und der Vermittlung von Werten wie Fairness, Respekt und Toleranz.

Auch etliche Grundschulen geben Tipps für die Gesundheit der Erstklässler. So weist die Josefschule in Menden (Sauerland) auf ihrer Website u. a. darauf hin, dass Kinder genügend Bewegung haben, sich richtig ernähren und viel schlafen sollten. Offensichtlich sind solche Hinweise nicht überflüssig, denn man findet sie überall und immer wieder. So wird beispielsweise der Sportpass für Schulanfänger in Essen, den es seit November 2015 gibt, mit den Defiziten der Kinder in Sachen Ausdauer, Beweglichkeit und Koordination begründet. Und diese Defizite sind erheblich: Etwa ein Viertel aller Kindergartenkinder könnten weder einen Purzelbaum schlagen noch auf einem Bein hüpfen, und bei der Einschulung wiesen bis zu 75 Prozent der Schulanfänger grobmotorische Auffälligkeiten auf, sagen Othopädie-Fachärzte. Außerdem leiden schon rund fünf Prozent aller Kinder an Bluthochdruck.

Geistige Behinderung

Bluthochdruck, Übergewicht und mangelnde körperliche Fitness sind vor allem das Ergebnis schlechter Lebensgewohnheiten wie zu viel Fernseh- und sonstiger Medienkonsum, falsche Ernährung und zu wenig Bewegung. Mit „geistiger Behinderung" meint man dagegen Handicaps mit beeinträchtigter Intelligenz:

> *„Geistige Behinderung bedeutet eine signifikant verringerte Fähigkeit, neue oder komplexe Informationen zu verstehen und neue Fähigkeiten zu erlernen und anzuwenden (beeinträchtigte Intelligenz). Dadurch verringert sich die Fähigkeit, ein unabhängiges Leben zu führen (beeinträchtigte soziale Kom-*

petenz). Dieser Prozess beginnt vor dem Erwachsenenalter und hat dauerhafte Auswirkungen auf die Entwicklung.
Behinderung ist nicht nur von der individuellen Gesundheit oder den Beeinträchtigungen eines Kindes abhängig, sondern hängt auch entscheidend davon ab, in welchem Maße die vorhandenen Rahmenbedingungen seine vollständige Beteiligung am gesellschaftlichen Leben begünstigen.
Im Kontext der WHO-Initiative ‚Bessere Gesundheit, besseres Leben' schließt der Begriff ‚geistige Behinderung' auch Kinder mit autistischen Störungen ein, die geistige Beeinträchtigungen aufweisen. Er schließt aber auch Kinder ein, die aufgrund vermeintlicher Behinderungen oder einer Ablehnung durch ihre Familie in Institutionen eingewiesen wurden und deshalb Entwicklungsstörungen und psychologische Probleme aufweisen."

(http://www.euro.who.int/de/health-topics/noncommunicable-diseases/mental-health/news/news/2010/15/childrens-right-to-family-life/definition-intellectual-disability)

Ein Beispiel: Deutlich sichtbar ist Trisomie 21, auch als Down-Syndrom bezeichnet. Dabei handelt es sich um eine Gen-Besonderheit. Das 21. Chromosom oder auch nur ein Teil davon ist dreifach vorhanden. Eines von 700 Neugeborenen weltweit ist davon betroffen. Frauen über 35 Jahren haben ein höheres Risiko als jüngere, ein Down-Syndrom-Kind zur Welt zu bringen, weshalb sie bei uns in dieser Altersgruppe die Möglichkeit zur Pränataldiagnostik haben. Sie können also den Fötus vorgeburtlich untersuchen und die Schwangerschaft im Fall der Trisomie 21 gegebenenfalls abbrechen lassen.

Der Begriff „Down-Syndrom" leitet sich übrigens vom englischen Arzt John Langdon Down ab, der es im 19. Jahrhundert zuerst als ein eigenes Störungsbild erkannt und beschrieben hatte. Doch dass es sich dabei um eine Chromosomen-Anomalie handelt, fand man erst 1959 heraus. Äußerliche Merkmale dieses Syndroms sind deutlich sichtbar: flaches Gesicht, kleine und tief sitzende Ohren, schräg stehende Augen sowie breite und kurzfingrige Hände mit einer durchgehenden Handfurche sind die auffälligsten Merkmale. Neben diesen körperlichen Merkmalen gelten Menschen mit Down-Syndrom als „geistig behindert". Aber was heißt das eigentlich? Jahrzehntelang war es bei uns völlig normal, dass Kinder mit dieser Anomalie eine Sonderschule, die „Schule für geistig Behinderte" oder die „Förderschule mit Schwerpunkt geistige Entwicklung", besuchen. Doch mittlerweile gibt es bereits Betroffene mit Abitur und Hochschulabschluss. Die Italienerin Silvia Barbarotto hat das Abitur mit der Höchstpunktzahl 100 bestanden, ihre Landsfrau Guisi Spagnolo schloss 2011 ein Studium an der Universität Palermo erfolgreich ab. Der Spanier Pablo Pineda hat sogar das Studium zum Grundschullehrer bestanden und arbeitet in diesem Beruf. Die Amerikanerin Karen Gaffney ist Leistungssportlerin und erhielt 2013 den Ehrendoktortitel der Universität Portland. Universitätsrektor Tom Greene begründete die Auszeichnung u. a. mit den Worten: „Niemand hat so tapfer und unwiderlegbar wie sie gezeigt, dass jedes kulturelle Vorurteil gegen das Down Syndrom falsch und ungerecht ist."

Wie im letzten Absatz des obigen Zitats der WHO (= Welt-Gesundheits-Organisation) deutlich wird, können wir eben auch geistige Behinderung bei Menschen „herstellen". Natürlich sind Personen mit Trisomie 21 anders als solche mit einem normalen Chromosomensatz. Aber sie sind in der Lage, Leistungen zu erbringen, die ihnen vor 50 Jahren noch niemand zugetraut hätte und auch heute noch nur wenige zutrauen. Insofern ist „Behinderung" ein relativer Begriff, der mehr Veränderung möglich scheinen lässt, als die meisten Menschen sich vorstellen können.

Unter diesem Gesichtspunkt ist die Idee der „inklusiven Schule" besonders bedeutsam. Sie meint einen pädagogischen Ansatz, der auf der Anerkennung und Wertschätzung von Unterschiedlichkeit (Diversität) beruht. Inklusion strebt also an, alle Kinder gemeinsam zu unterrichten, unabhängig von ihrer Leistungsfähigkeit. Diesem Ansatz hat sich die Bundesrepublik Deutschland verpflichtet, als sie 2009 das „Übereinkommen über die Rechte von Menschen mit Behinderungen" ratifizierte, das drei Jahre zuvor von der UNO-Generalversammlung verabschiedet worden war. 175 Staaten und auch die Europäische Union sind inzwischen diesem völkerrechtlichen Vertrag beigetreten, der die bisherigen Abkommen zur Lebenssituation von Menschen mit Behinderung konkretisiert hat. Allerdings sind diese Staaten nicht alle gleich weit entwickelt. In Italien beispielsweise gibt es seit 40 Jahren keine Sonderschulen mehr – die integrative Schule ist die Regel.

Ob ein Kind in Deutschland den Unterricht gemeinsam mit behinderten Kindern besucht, hängt davon ab, wie gut die jeweilige Schule personell ausgestattet ist. Wer keine Inklusion wünscht, muss sich eine entsprechende Einrichtung suchen. Laut einer Studie der Bertelsmann-Stiftung gingen im Schuljahr 2013/14 über 31 Prozent aller Kinder mit sonderpädagogischem Förderbedarf in eine Regelschule. Doch mehr als die Hälfte aller Grundschulen hatte bis dahin noch keine Inklusion praktiziert und der Fortschritt verläuft langsam. Außerdem hat sich die Zahl der Diagnosen erhöht, so dass die Quote der Kinder, die eine der vielen verschiedenen Förderschulen besuchen, nur geringfügig gesunken ist.

Das Bundesland Nordrhein-Westfalen hat nach dem Regierungswechsel von Rot-Grün zu Schwarz-Gelb 2017 sogar beschlossen, die Förderschulen zu „retten". Doch die Wahlmöglichkeit für Eltern behinderter Kinder zwischen Regelschule und Förderschule hat nichts mit Inklusion zu tun. Dieser Begriff bedeutet die vollständige Einbeziehung von Menschen in die Gesellschaft und nicht das nur teilweise Dazugehören. Die Diskussion um das vollständige Einbeziehen von Kindern mit geistiger oder auch körperlicher Behinderung in den Regelunterricht wird vermutlich noch lange weitergeführt werden.

Grobmotorik

Wer sich mit Fragen der Schulfähigkeit befasst, findet vielfach praktische Hinweise zur körperlichen Entwicklung von Kindern. So sollten sie im grobmotorischen Bereich über bestimmte Fähigkeiten verfügen wie beispielsweise:

- auf einem Bein stehen,
- einbeinig hüpfen,
- Hindernisse überspringen,
- Gleichgewicht halten und balancieren,
- rückwärts gehen,
- eine Treppe hinauf- und hinuntergehen, auch rückwärts,
- einen großen Ball werfen und fangen,
- einen Hampelmann nachmachen.

Derlei kleine Übungen finden sich in den Hinweisen, die manche Schulen für die Eltern herausgeben, oder in Broschüren und Büchern. Letztlich geht es um eine altersentsprechende Körperbeherrschung vor allem bei den unterschiedlichsten Arten der Arm- und Beinbenutzung, um dosierten Aufbau des Muskeltonus (= Spannungszustand der Muskulatur) und um Stützkraft. Kinder sollen ihre Kräfte kennen, einsetzen und regulieren können. Dabei gibt es natürlich keine Eindeutigkeit der Befunde. Wer nicht einbeinig hüpfen oder auf der Bordsteinkante balancieren kann, vermag trotzdem in der Schule lesen, schreiben und rechnen zu lernen. Aber es gibt Zusammenhänge zwischen dem Schulerfolg und solchen Fähigkeiten. Im allgemeinen lernen bewegungsaktive Kinder leichter. Wer seinen Körper gut beherrscht, ist nicht nur besser vor Unfällen geschützt, sondern verfügt auch über ein stärker positiv geprägtes Selbstbild. Wer immer wieder die Erfahrung macht, schwierige Situationen bewältigen zu können, verfügt über ein größeres Selbstvertrauen.

Kinder entwickeln all ihre Fähigkeiten, auch die motorischen, beim Spiel. Deswegen ist es wichtig, ihnen möglichst viel Spielzeit zu ermöglichen, vor allem in Gemeinschaft. Vor der Einschulung dürfen es ruhig sieben bis acht Stunden täglich sein, wovon der größte Teil im Kindergarten verbracht wird. Freispiel ist also keine Zeitverschwendung, wie manche Eltern glauben, sondern die zentrale Investition in die künftige geistige Leistungsfähigkeit. Lernprozesse verlaufen bis zum Alter von sechs, sieben Jahren vom Fühlen über das Handeln zum Denken und Nachdenken. Darum ist das körperbetonte Spiel mit seinem Wahrnehmungsschwerpunkt auf Fühlen und Handeln die Basis für späteres schulisches Lernen.

Lassen Sie uns also ein paar der Übungen anschauen, die die Grobmotorik von Kindern prüfen, aber auch trainieren können:

Einbeinstand und -hüpfen

In der Medizin wird damit getestet, ob der Gleichgewichtssinn intakt und die äußere Hüftmuskulatur funktionstüchtig ist. Beim einbeinigen Hüpfen wird zugleich die motorische Koordination geprüft. Gleichgewichtssinn und motorische Koordination sind bereits zum Schulbeginn wichtig. Deswegen prüft die Amtsärztin bei der Schuleingangsuntersuchung, ob ein Kind etwa zehn Sekunden lang auf einem Bein zu stehen vermag. Außerdem soll es etwa zehnmal einbeinig hüpfen können, sowohl links als auch rechts, und mit beiden Beinen über eine Linie hin- und herspringen.

Wenn Kinder Hüpfkästchen spielen, trainieren sie das Springen auf einem Bein. Das macht natürlich mit mehreren Mitspielern am meisten Spaß, kann aber auch alleine geübt werden. Mit einem Stück Kreide malen die Kinder ihr Hüpfkästchen auf den Asphalt, beispielsweise von 1 bis 9, wobei 4 und 5 links und rechts der 6 liegen. Nummer 9 ist das Kästchen, wo man beidbeinig aufspringen und sich kurz ausruhen darf. Ein Wurfstein wird zuerst in das Feld 1 geworfen und muss auf dem Hinweg übersprungen werden. Auf dem Rückweg hebt man ihn von Feld 2 aus auf, hüpft dann auf 1 und raus. Gelingt das fehlerfrei, kommt Feld 2 dran. Sobald einem Kind ein Fehler passiert, ist das nächste an der Reihe. Gewonnen hat, wer als erster alle Felder bewältigen konnte. Natürlich gibt es jede Menge Variationen dieser Regeln – am besten erfinden die Kinder sie selbst.

Beim Gummi-Twist und beim Seilspringen üben die Kinder ähnliche Geschicklichkeitsmuster. Sie brauchen dazu nur einen etwa drei Meter langen Hosengummi aus Mutters Nähkasten (oder aus dem Kaufhaus) bzw. ein Springseil sowie mindestens zwei Mitspieler, die das Gummiband mit den Beinen halten oder das Springseil gleichmäßig schwingen. Auch bei diesen Spielen ist ein Kind immer so lange an der Reihe, bis es einen Fehler macht. Dann kommt das nächste dran. Welche Springmuster einzuhalten sind, können sich die Kinder ausdenken oder von anderen abgucken. Sehr gerne wird dabei gezählt oder werden

Reime aufgesagt wie „Tick – Trick – Track – Donald Duck – Micky Maus – rein und raus“ oder „Teddybär, Teddybär, dreh dich um, mach dich krumm, Teddybär, Teddybär, mach dich klein, Teddybär, hüpf auf einem Bein.“

Natürlich sind Vorschulkinder bei diesen Spielen noch im Nachteil, weil sie weder so geschickt sind wie etwas ältere Kameraden noch die Hüpfkästchen so gut malen oder gar die Zahlen schreiben können. Aber das gemeinsame Spiel von Kindern unterschiedlichen Alters ist die optimale Motivation, diese Fähigkeiten zu üben und zu entwickeln.

Ball prellen und Händigkeit

Mit einem Ball zu spielen ist anscheinend ein Urvergnügen des Menschen. Immer wieder beobachte ich beim Strandurlaub, wie Erwachsene schon mit Kleinkindern, die gerade mal laufen können, Fußball spielen. Aber man kann einen Ball ja auch in die Hände nehmen und auf dem Boden aufspringen lassen (prellen) – das sollten Vorschulkinder können. Manche schaffen es auch, ihn einhändig zu prellen. Wenn man ihn gegen eine Wand wirft und wieder auffängt, braucht man beide Hände und es zeigt sich nach und nach, welche Hand die bevorzugte ist. Ein besonderes Geschick können Kinder entwickeln, wenn sie mehrere kleine Bälle abwechselnd gegen die Wand werfen und fangen, also eine Vorstufe des Jonglierens ausprobieren. Dabei müssen sie sich für eine Wurfhand entscheiden, während die andere die Fanghand ist.

Hindernisse überspringen

Bei Laufspielen wie dem „Fangen“ trainieren die Kinder mit plötzlichen Richtungswechseln Reaktionsfähigkeit und Gleichgewichtssinn. Wenn sie auf einem Gelände mit Hindernissen spielen, beispielsweise zwischen den Bäumen im Wald, müssen sie außerdem auf Hindernisse achten und sie überspringen. Entsprechende Geschicklichkeitsspiele lassen sich aber auch im Kinderzimmer organisieren, indem dort verschiedene Hindernisse aufgestellt und übersprungen werden müssen. Es lässt sich zudem über Stühle klettern und unten durch krabbeln oder auf ausgelegten Wollfäden „balancieren“.

Gleichgewicht halten und balancieren

Auf der Straße brauchen Kinder keine Wollfäden, denn immer wieder nutzen sie Gelegenheiten zum Balancieren, etwa wenn wir mit ihnen einkaufen gehen. Sie versuchen, das Gleichgewicht auf Mauern oder Bordsteinkanten zu halten. Wenn sie auf schmalen Mäuerchen unsere Hand zum Halten suchen, sollten wir sie ihnen ruhig anbieten, denn so überwinden sie nach und nach immer mehr Unsicherheiten und werden zunehmend geschickter. Sie trainieren ihr „vestibuläres System“.

Das vestibuläre System lässt uns unsere Bewegung im Raum beurteilen und nimmt über die Position des Kopfes das Gleichgewicht war. Es ist also ein Sinn, der sowohl für die Orientierung als auch für aufrechte Körperhaltung wichtig ist. Kinder suchen sich von klein auf selbst Reize, die die vestibuläre Wahrnehmung trainieren: Sie drehen sich bis zum „Drehwurm“, sie schaukeln oder spielen Trampolin auf der Couch. Ein hervorragendes Trainingsgerät für das Vestibulum ist das Trampolin, den Gleichgewichtssinn fördern aber auch Schlittschuhlaufen, Inlineskating, Reiten, Fahrrad fahren oder Toben in der Kletterhalle und anderes mehr.

Hat ein Kind Probleme mit dem Gleichgewichtssinn oder keinen Spaß am Balancieren, sollte man das mit dem Kinderarzt besprechen. Er kann im Bedarfsfall eine Ergo- oder Physiotherapie verschreiben.

Rückwärts gehen

Rückwärts zu gehen oder gar zu laufen ist nicht so einfach. Immer wieder schaut sich das Kind um oder dreht sich halb vorwärts. Auch das Rückwärtsgehen mit Hilfe eines Spiegels, den das Kind in den Händen hält, ist „tricky“, weil die Sache mit der Richtungsorientierung noch nicht funktioniert. Es gibt auch Erwachsene, die Probleme mit dem Rückwartsfahren im Auto haben. Sie können diese kindlichen Probleme vielleicht besser nachvollziehen, aber verstehen auch, warum man das üben sollte. Ob draußen oder drinnen – ein kleiner Parcours zum rückwärtigen Gehen ist schnell improvisiert. Und gemeinsam mit anderen macht auch solch eine Aufgabe Vergnügen.

Prof. Helge Hebestreit hatte als leitender Oberarzt an der Uni-Kinderklinik in Würzburg die Körpergeschicklichkeit von 726 drei- bis fünfjährigen Kindern untersucht. Unter anderem sollten sie dabei rückwärts auf einem zehn Zentimeter breiten Teppichstreifen balancieren, ohne überzutreten. Während rund 30 Jahre früher nur 30 Prozent der Kinder an dieser Aufgabe scheiterten, waren es 2007/08 gar 80 Prozent! Hebestreit hatte diese Studie durchgeführt, um abzuklären, ob tatsächlich motorische Koordinationsprobleme ursächlich für die gestiegene Unfallhäufigkeit in dieser Altersgruppe sind. Seine Ergebnisse waren eindeutig: Fehlende Bewegungserfahrung führt zu eingeschränkten motorischen Fähigkeiten. Die Kinder bewegen sich weniger und zudem weniger vielfältig als wenige Jahrzehnte zuvor. Das führt nicht nur zu einer erhöhten Unfallgefährdung, sondern auch zu verringerter Flexibilität im Denken. Fernsehen und Computerspiele trainieren eben nicht die Basis unserer Wahrnehmung. Und nur wer WAHR nimmt, kann Falsches erkennen und meiden.

Feinmotorik

Wenn es später in der Schule ans Schreiben lernen geht, brauchen Kinder geschickte Finger. Deren Beweglichkeit bezeichnet man als Feinmotorik, aber auch die der Zehen sowie der Gesichtsmuskulatur gehören dazu. Die „Schreibmotorik" ist noch ein wenig komplexer, denn sie umfasst sämtliche Bewegungsabläufe, die für das Schreiben mit Hand erforderlich sind. Feinmotorisch gut trainierte Finger sind also die Voraussetzung dafür, dass es mit der Entwicklung der Schreibmotorik klappt.

Die Feinmotorik der Hände üben Kinder schon von Anfang an, aber ganz besonders beim Bauen mit Bausteinchen und LEGO. Und wenn Kinder ihre Puppen an- und ausziehen, müssen sie genauso fummeln wie beim Zuknöpfen von Hemd und Bluse oder beim Schuhe binden. Natürlich gibt es heutzutage Klett- und Reißverschlüsse, die das Leben merklich erleichtern. Allerdings geht diese Erleichterung zu Lasten der Fingergeschicklichkeit – wir müssen sie also anders üben, beispielsweise so:

- Riesenfigur: Besorgen Sie einen riesigen Papierbogen von ein mal zwei Metern, beispielsweise zwei Tapetenbahnen à zwei Meter, die zusammengeklebt werden. Sie legen sich darauf und Ihr Kind ummalt den ganzen Körper mit einem dicken Filzstift. Jetzt können Sie die Figur gemeinsam ausmalen, ob mit Filz- oder Wachsstiften oder auch Wasserfarben.
- Figuren formen: Pfeifenputzer gibt es nicht nur im Laden für Raucherbedarf, sondern auch in Bastelbedarfsgeschäften. Daraus kann Ihr Kind mit Biegen und Knicken Figuren formen.
- Büroklammer-Kette: Aus farbigen Büroklammern bilden Kinder gerne bunte Ketten, indem sie sie ineinander haken.
- Zielschnipsen: Aus Legosteinen kann Ihr Kind leicht eine kleine Wand mit einem Durchlass bauen, die man auf einem Pappbogen ans Ende stellt. Vom anderen Ende aus kann es jetzt Knöpfe per Fingerschnipsen auf das Ziel hin „abfeuern". – Eine andere Variante besteht aus einer Lego-Wand

mit mehreren, verschieden großen Durchlässen. Mit Glasmurmeln, die in Richtung der Öffnungen geschubst werden, versucht das Kind, Treffer zu erzielen. Beim Spielen zu zweit gewinnt nach jedem Schubser der, der das kleinere Tor getroffen hat.

Im Alltag gibt es unendlich viele Trainingsmöglichkeiten für die Fingermotorik, ob beim Falten von Papierfliegern, beim Früchteschnippeln für den Obstsalat oder beim Basteln und Handarbeiten. Das Tippen auf zwei Knöpfe eines elektronischen Spiels hingegen ist nicht ansatzweise so förderlich, wie das gezielte Zerschneiden von Papier oder Stoff mit einer (kindertauglichen) Schere oder das Malen und Kleben beim Basteln.

Mundmotorik

Wenn ein Kind nicht deutlich sprechen kann, kann es sich beim Schreibenlernen Laute oder Worte nicht so deutlich vorsprechen, wie es nötig wäre, um sie korrekt zu verschriften. Daneben können unbehandelte Sprechfehler wie das Lispeln (Fachbegriff: Sigmatismus) später in der Schule zu sehr belastenden Reaktionen der Mitschüler führen und sogar die zukünftige Berufswahl beeinträchtigen. Oder kennen Sie lispelnde Schauspieler, Ansager oder Lehrer?

Die korrekte Lautbildung setzt eine gut entwickelte Mundmotorik voraus. Spätestens mit fünf Jahren sollte sie abgeschlossen sein. Andernfalls kann der Kinderarzt eine logopädische Behandlung verordnen. Je früher sie ansetzt, desto rascher werden solche Störungen überwunden. Von alleine jedenfalls verschwindet das Lispeln nicht. Falls Eltern skeptisch sind, können sie es mit kleinen Zungenbrechern versuchen, z.B.:

- „Susi, sag mal saure Soße!“
- „Fischers Fritz fischt frische Fische, frische Fische fischt Fischers Fritz.“
- „Esel essen Nesseln nicht, Nesseln essen Esel nicht.“

Auch das Mitsingen des schon fast 200 Jahre alten Kinderliedes „Summ, summ, summ, Bienchen summ herum“ ist eine hilfreiche kleine Übung. Auf YouTube findet man moderne Versionen davon mit Texteinblendung.

Daneben lassen sich die Zungen- wie auch die gesamte Mundmuskulatur trainieren, was die Artikulation verbessern kann:

- Lassen Sie Ihr Kind ab und zu einen Trinkyoghurt oder ein Smoothie mit dem Strohhalm trinken.
- Werfen Sie sich gegenseitig Luftküsschen zu.
- Mit der Zunge zu schnalzen macht Kindern besonderen Spaß. Wer kann es am lautesten?
- Spielen Sie mit Ihrem Kind ab und zu, dass die Zähne zusammengeklebt wären und nicht mehr aufgingen. Kann man dann noch sprechen? Es wird schwieriger, aber es ist möglich und ein gutes Training.

Das Ansaugen der Luft übt man am besten mit einem Strohhalm. Kann man mit ihm Gegenstände ansaugen und hochheben? Papierschnipsel sicher, ein kleiner Plastikbecher wird schon schwieriger und eine Schokolinse ist hohe Kunst!

Pustespiele trainieren die Atmung, was eine wichtige Voraussetzung für die korrekte Bildung der s-Laute ist:

- Kirschkern-Weitspucken ist ein tolles Wettspiel.
- Mit einem Strohhalm in einem Glas Wasser zu blubbern, ist einfach. Aber kann man auch so fest blasen, dass es wie ein Springbrunnen aussieht?
- Seifenblasen zu erzeugen, setzt ein gefühlvolles Pusten voraus.
- Ist es möglich, ein Blatt Papier durch Blasen an der Wand zu halten? Wie viele Sekunden schaffen wir?
- Wer kann einen Tischtennisball in der Eierschachtel von einer Vertiefung in die nächste blasen?
- Wenn man eine Feder oder einen Wattebausch auf einem Dame-Spielfeld auf vorher bestimmte Felder blasen kann, ist man schon recht gut in der Dosierung der Pusteluft.

Zehn Minuten solcher Spiele am Tag müssten es jedoch mit Regelmäßigkeit sein, um tatsächlich Artikulationsfortschritte zu erzielen. Das ist nicht einfach, weil die beanspruchten Mundmuskeln derlei Anstrengungen nicht gewöhnt sind. Aber wenn Sie es schaffen, dass das Kind Spaß daran hat, müssten sich Verbesserungen einstellen. Falls nicht, sollten Sie doch eine logopädische Behandlung in Erwägung ziehen.

Taktile Wahrnehmung

Dass auch der Tastsinn für die Schulfähigkeit von Bedeutung ist, können sich die wenigsten Menschen vorstellen, und doch ist es so. Die Fähigkeit, sich selbst gut spüren zu können, ist nämlich eine Voraussetzung dafür, sich in der Umwelt besser zurechtzufinden. Zur taktilen Wahrnehmung gehört insbesondere die Lage- und Bewegungsempfindung. Man muss fühlen können, welche Muskeln man gerade anspannt oder wie stark man sie anspannen muss, um eine Bewegung auszuführen. Das ist sowohl wichtig dafür, den Stift beim Schreiben richtig zu führen, als auch für das angemessene Umgehen miteinander. Kinder mit ADHS beispielsweise haben diesbezüglich eine Schwäche: Sie empfinden das Berührtwerden heftiger, als es tatsächlich ist, und sie spüren ihre eigenen Schubser gegen andere viel schwächer, als sie tatsächlich ausfallen. Es ist also wichtig für Kinder, auch einen guten Tastsinn zu haben, denn dann können sie sowohl sich selbst besser einschätzen als auch angemessener mit ihren Spielkameraden umgehen. Im Alltag lässt er sich immer wieder spielerisch üben:

- Bitten Sie Ihr Kind bei passender Gelegenheit, die Augen zu schließen, und geben Sie ihm etwas in die Hand, dass es durch Fühlen erraten soll: Schleifpapier, Plastikfolie, Nussschalen, Papiertaschentücher, Sand, Gras, Alufolie usw. Man kann diese Übung auch als Wettspiel durchführen, wenn auch Ihr Kind Ihnen etwas geben kann, das Sie ertasten sollen.

- Malen Sie Ihrem Kind mit dem Finger ein einfaches Zeichen auf den Rücken, dass es mit einem Wachsmalstift auf Papier wiedergeben soll.
- Spielen Sie Pizza belegen: Sie streichen Ihrem Kind kräftig über den Rücken, als würden Sie Pizzateig ausrollen. Sie fahren mit den Fingern streifenweise über seinen Rücken, als verteilten Sie Tomatenmark auf dem Teig. Sie legen abwechselnd mehrfach die Hände auf, als würden Sie Salamischeiben auslegen. Und abschließend klopfen Sie mit allen Fingerspitzen über den Rücken hin und her, als verteilten Sie Käseflöckchen, und schieben Ihr Kind schließlich vorwärts, als sollte es in den Backofen.
- Vollführen Sie abends beim Gute-Nacht-Sagen eine kleine Massage mit Ihrem Kind, kneten sie ihm den Rücken, die Arme, die Beine. Vielleicht tut Ihr Kind dann Ihnen den Gefallen und revanchiert sich.

Es geht aber nicht nur um derlei gezielte Übungen, wenn man den Tastsinn fördern will. Ganz automatisch wird er im Alltag angeregt, wenn Kinder nicht nur mit Plastikdingen spielen, sondern auch mit dem kuscheligen Teddy, den eckigen Holz- oder Steinbauklötzen, der formbaren Knete, Sand und sogar Matsch. Wenn Sie im Vertrauen auf die Leistungsfähigkeit Ihrer Waschmaschine keine Angst vor Dreck haben, kommt das Ihrem Kind zugute, das so gerne im Sandkasten buddelt und mit Fingerfarben malt.

3 Fit im Kopf – was heisst das?

oder: Der kognitive Bereich der Schulfähigkeit

„Gib dem kleinen Kind
einen dürren Zweig,
es wird mit seiner Fantasie
Rosen daraus sprießen lassen."

(Jean Paul)

Fantasie ist eine der eindrucksvollsten Gaben, mit der Kinder von Natur aus gesegnet sind. Sie können aus einer Zucchini und einer Aubergine mit ein paar Messerschnitten, Perlen und Wollfäden einen König samt Königin basteln und ein Theaterstück damit spielen. Sie sehen beim Spaziergang das Moos im Wald und stellen sich vor, dass Elfen oder Zwerge darauf schlafen. Und beim Puppentheater gestalten sie als Publikum die Handlung lautstark mit, wenn Kasperle sie dazu auffordert. Kinder sind ungeniert kreativ – eine Eigenschaft, die die meisten Menschen beim Älterwerden wieder ablegen, während nur eine Minderheit der Erwachsenen, etwa Romanautoren, Theaterschriftsteller oder Erfinder, von ihr profitiert.

Die kleinkindliche Fantasie ist eine Eigenschaft, die wir positiv werten können, weil sie Ausdruck einer natürlichen und funktionierenden, äußerst kreativen geistigen Entwicklung ist. Mit zunehmendem Alter jedoch braucht sie die Ergänzung durch sinnlich-konkrete Wahrnehmungen. Ein Erfinder kann aus seiner Fantasie heraus nur deswegen technische Neuerungen entwickeln, weil er kreativ mit der konkreten Umwelt umzugehen weiß. Bei Kindern im Vorschulalter überwiegt das fantasiegeleitete Denken zwar noch, aber die Wahrnehmung wird allmählich konkreter und zunehmend realistisch. Mit sechs, sieben Jahren beginnen die alten Volksmärchen allmählich zu langweilen, während Momo oder Außerirdische interessanter werden – Fantasiefiguren, eingebettet ins reale Leben. An den Nikolaus, den Beelzebub und das Christkind glauben sie in diesem Alter auch nicht mehr uneingeschränkt. Doch erst in der Pubertät werden Kinder zu abstrakt-realistischem Denken fähig, ähnlich wie wir Erwachsenen.

In diesem Kapitel stelle ich die wesentlichen kognitiven (geistigen) Fähigkeiten vor, die beim Schulanfang bedeutsam sind.

Hörfähigkeit

„Mein Kind will nicht hören" ist eine häufige Klage von Eltern. Doch diese Aussage hat wenig mit der Fähigkeit zu tun, Geräusche wahrzunehmen, zu erfassen, ins Gehirn weiterzuleiten und dort zu verarbeiten. Hören und Gehorchen sind zwar sprachlich miteinander verwandte Begriffe, haben aber sehr unterschiedliche Bedeutungen. Die allermeisten Kinder, die nicht gehorchen, also ungehorsam sind, können sehr wohl gut hören. Im Zusammenhang mit der kognitiven Schulfähigkeit interessiert nur dieser physikalische Aspekt.

Die Hör- oder auditive Wahrnehmung war schon im Kleinkindalter für das Sprechenlernen besonders wichtig. Doch in der Schule ist sie nicht weniger bedeutsam, ob beim fachlichen Lernen oder beim sozialen Verhalten. Sie beschreibt nämlich das Erfassen des Gehörten, seine Weiterleitung ins Gehirn sowie die dortige Verarbeitung.

Ein Teil dieser Wahrnehmungsfähigkeit ist das **„Richtungshören“**. Um zu erkennen, woher Geräusche kommen, müssen beide Ohren funktionieren. Dadurch, dass ein Geräusch mit einem klitzekleinen zeitlichen Unterschied auf unsere beiden Ohren trifft, können wir erkennen, woher es kommt. Menschen, die ständig suchen müssen, wo sich die Quelle eines Geräusches befindet, haben auf einem Ohr ein eingeschränktes Hörvermögen. Allerdings gilt das nicht für sehr tiefe Töne im Bassbereich. Wer eine Stereoanlage mit Basslautsprecher besitzt, weiß, dass es ganz egal ist, wo dieser aufgestellt wird. Man hört ihn überall, weil man ihn nicht orten kann.

> *Übungsmöglichkeiten für das Richtungshören bieten sich ständig an, wenn man zu Fuß unterwegs ist. Ab und zu einmal stehenzubleiben, die Augen zu schließen und die Ohren zu spitzen, ist ein guter Test in jedem Alter: Von wo kommt dieses Auto- und jenes Motorradgeräusch? Wo mag der Vogel sitzen, den ich singen höre? Wie viele Vögel können wir im Wald hören?*

Genauso wichtig ist die Fähigkeit, Sprachlaute unterscheiden zu können. Die **„Lautdifferenzierung“** ermöglicht es uns, Wörter wie „Rad“ und „Rat“ oder „Seele“ und „Säle“ oder „Sport“ und „Spurt“ zu unterscheiden. Oft sind die hörbaren Unterschiede so gering, dass auch gut hörende Menschen damit ein Problem haben. Während jedoch Erwachsene meist aus dem Gesprächszusammenhang erschließen können, ob es gerade um ein „Rad“ oder einen „Rat“ geht, verfügen kleine Kinder noch nicht über solches Erfahrungswissen. Eine große Rolle bei dieser Problematik spielt natürlich auch die Region, in der ein Kind aufwächst. Sie ist wesentlich für Sprachfärbung und Dialekte. Aber ob in Bayern, Hessen oder Norddeutschland –

wer Sprachlaute prinzipiell gut unterscheiden kann, kann lernen, solche Klangunterschiede zu erkennen. Bei einem Umzug braucht es nur ein wenig Zeit, um sich einem geänderten Klang der Sprache anzupassen und sich in einen Dialekt einzuhören.

Wer mit einem Kind sprachlich spielt und es beispielsweise Wörter wie „Popo" und „Pupu" oder „tatü" und „tatö" nachsprechen lässt, merkt schnell, ob das gut gelingt oder nicht. Wichtig ist bei solchen Spielen auszuprobieren, ob das Nachsprechen auch funktioniert, wenn das Kind den Mund des Sprechers nicht sieht.

Spielerisch kann man das genaue Artikulieren von Lauten im Puppenspiel üben. Wenn der erwachsene Puppenspieler nicht zu sehen ist, aber die Puppe den oder die Zuschauer zum Nachsprechen auffordert, lässt sich leicht merken, ob ein Kind Laute erkennt und angemessen nachzusprechen vermag.

Das auditive oder **„Hör-Gedächtnis"** ist gleichfalls Teil jener wichtigen Fähigkeiten, die für das erfolgreiche Lernen vor allem des Lesens und Schreibens wichtig sind. Eltern merken das oft erstmals, wenn ihr Kind von den drei Sachen, die es aus dem Keller holen soll, fast regelmäßig mindestens eine vergisst. Dann ist es möglich, dass eine Beeinträchtigung des „auditiven Kurzzeitgedächtnisses" vorliegt. Das ist häufig eine der Ursachen für eine Lese-Rechtschreib-Schwäche, die sich allerdings erst im Laufe der Grundschulzeit bemerkbar macht.

Da kleine Kinder Spaß an Reimen und Liedern haben, ist es eine gute Übung, sie ihnen immer wieder vorzusprechen oder vorzusingen und sie dabei aufzufordern, mitzumachen.

Fast alle Kinder haben Lieblingslieder oder Lieblingsgeschichten, die etwa beim Gute-Nacht-Ritual immer wieder verlangt werden. Genau diese unglaublich häufigen Wiederholungen stärken die Gedächtnisleistung.

Mein persönlicher Eindruck ist, dass die heutigen Kinder von Anfang an viel zu vielen Reizen ausgesetzt sind, die eine Vertiefung der wahrgenommenen Inhalte nicht zulassen. Kleinkinder brauchen keine Trickfilme im TV, sondern Bezugspersonen, die in Ruhe und liebevoll sehr viel mit ihnen sprechen. Immer wieder beobachte ich Mütter und auch Väter, die mit dem Kinderwagen oder einem Kind an der Hand unterwegs sind, aber nicht mit dem Kleinen reden, sondern mit ihrem Handy. Konzentration und Sprachvermögen entwickeln sich jedoch durch persönliche Zuwendung von Anfang an. Schon mit Babys sollte man beim Wickeln sprechen, dadurch ihre Aufmerksamkeit anregen und sie bestärken, indem man ihre Reaktionen in Form von Lachen und Lauten wiederholt. Kinder im Vorschulalter brauchen zwar nicht ständig, aber immer wieder Gespräche „auf Augenhöhe". Das ist wörtlich gemeint: Die besten Gespräche ergeben sich, wenn Erwachsener und Kind sich in die Augen schauen können. Wer sich auf die Fragen seines Kindes einlässt, lernt es nicht nur ständig besser kennen, sondern hilft ihm auch, die Welt nach und nach immer besser zu verstehen.

Visuelle Wahrnehmung

Neben der Hörwahrnehmung ist das Schauen die zweite Basis des menschlichen Lernens. Schon Babys greifen nach Spielzeug, das in ihrer Nähe liegt oder das man ihnen hinhält. Es macht sie neugierig und sie untersuchen es – mit dem Mund, den Augen und den Händen. Je älter die Kleinen werden, desto besser wird ihr Sehen und desto mehr nutzen sie die Augen. Der Begriff „visuelle Wahrnehmung" meint jedoch mehr als nur das. Er beinhaltet auch das Entschlüsseln des Gesehenen hinsichtlich der darin enthaltenen Informationen, das Erkennen von Einzelheiten und das Vergleichen mit Erinnerungen, wodurch jede Seh-Erfahrung den allgemeinen Erfahrungsschatz bereichert. Da jedes Ding eine Form, eine Farbe sowie eine Lage im Raum aufweist und sich zudem im Vorder- oder Hintergrund befindet, spielen diese Eigenschaften wichtige Rollen.

Ob etwas **rund** oder **eckig** ist, ist nicht nur beim Spielen von Bedeutung. Logisch, dass ein Ball leicht rollt und darum für Bewegungsübungen besonders geeignet ist. Aber auch Buchstaben und Ziffern sind teils rund, teils eckig und meistens sogar beides zugleich, wie etwa eine „2" oder ein „b". Tatsächlich sind unsere Schriftzeichen, so einfach die Druckschrift auch wirkt, recht komplex. Ein „o" oder ein „l" bestehen jeweils nur aus einem Strich, eine „3" oder ein „e" aus zweien und die „5" oder das „k" sogar aus dreien. Das ist einer der Gründe, warum manche Kinder sich beim Erlernen des Schreibens schwer tun. Vor Schuleintritt brauchen sie das jedoch noch gar nicht zu können – es reicht völlig, wenn sie ihren Namen erkennen und vielleicht sogar „malen" können. Aber runde und eckige Formen sollten sie schon unterscheiden können. Im Alltag findet sich ganz viel Rundes (Apfel, Ei, Kohlkopf, ...) und Eckiges (Schrank, Buch, Radioapparat, ...). Es gibt auch gemischte Formen wie bei Münzen, die rund sind und gleichzeitig zwar keine Ecke, aber zwei Kanten haben.

Das Spiel „Ich sehe was, was du nicht siehst", kann man nicht nur in Bezug auf Farben, sondern auch auf die Form von Gegenständen spielen. Dann ist ein Küchenherd eckig, wenn auch mit runden Drehschaltern, und ein Teller ist rund, auch wenn er eine Kante hat.

Die **Farbsehfähigkeit** ist in unserer Welt zwar wichtig, aber es leben sehr viele Menschen mit einer teilweisen oder vollständigen „Rot-Grün-Sehschwäche". Sie betrifft rund 5 Prozent der Bevölkerung. In einer Schulklasse mit 20 Kindern wäre es also zu erwarten, dass ein Kind von dieser Farbenfehlsichtigkeit betroffen ist. Auch wenn das im Alltagssprachgebrauch bereits als „farbenblind" bezeichnet wird, ist die tatsächliche Farbenblindheit viel gravierender. Sie betrifft sehr viel weniger Menschen, aber die umso stärker, denn sie sind höchst lichtempfindlich. Ganz gleich, was die Ursache für Probleme mit dem Erkennen von Farben ist und welche Form dieser Problematik vorliegt – bis heute gibt es keine Therapie dagegen, nur wenige Hilfsmittel.

Das sollte uns jedoch nicht hindern, Farben im Alltag zu verwenden. Ob Kinder sie in Ausmalbüchern nutzen, um Umrisse in bunte Bilder zu verwandeln, oder ob sie frei malen – Holzbuntstifte, Wachsmalstifte und Wasserfarben sind immer beliebt. Manche Mutter hat jedoch bei Wasserfarben Bedenken, weil der Fußboden oder die Möbel etwas abbekommen könnten. Zumindest in der Küche besteht jedoch keine Gefahr, denn Wasserfarben sind wasserlöslich und leicht abwaschbar. Kinderbilder sind übrigens wunderbar als Geschenk geeignet, und manche Geschwisterschar hat schon ihre Eltern zu einer Versteigerung der jüngsten Kunstwerke eingeladen und damit das Taschengeld aufgebessert.

Die **Figur-Grund-Wahrnehmung** ist Ausdruck der Fähigkeit, Vordergrund und Hintergrund zu unterscheiden. Wenn wir in der Natur einen weiten Blick haben, können wir gelegentlich mehrere Hügelketten hintereinander sehen. Welche liegt vorne, welche hinten? Wer über eine normale Sehfähigkeit verfügt, kann das leicht erkennen. Doch diese Fähigkeit setzt Erfahrung voraus. Kleine Kinder brauchen erst Berührungserfahrungen mit den entsprechenden Gegenständen, um sie vor einem Hintergrund erkennen zu können. Auch das ist ein Argument für das Spiel mit konkretem Material anstatt mit elektronischen Geräten.

Die Figur-Grund-Wahrnehmung ist maßgeblich dafür, dass ein Kind beim Schreiben die Zeile einhalten kann, beim Lesen nicht in den Zeilen verrutscht und beim Abschreiben von der Tafel keine Zeile übersieht. Wer damit Probleme hat, weist in der Regel gleichzeitig Konzentrationsschwierigkeiten auf, weil er mehr Anstrengung ins Schauen investieren muss.

> *Vorbeugend kann man mit Kindern Wimmelbilder anschauen, in denen es unzählige Einzelheiten zu entdecken gibt. „Suche die zehn Unterschiede" in zwei fast identischen Zeichnungen ist gleichfalls weit verbreitet und findet sich in mancher Illustrierten, aber auch in Kinderzeitschriften. Labyrinthe und Puzzles sind weitere nützliche Spiele zur Förderung der Figur-Grund-Wahrnehmung. Ebenso hilfreich sind Sortierspiele: Knöpfe nach Größe ablegen oder Besteck in die Fächer des Besteckkastens einordnen.*

Ist es Ihnen schon einmal schwindlig geworden, z. B. nach wildem Tanzen mit heftigen Drehungen? Dann wissen Sie, wie es sich anfühlt, wenn das Orientierungsvermögen gestört ist. In solchen Augenblicken weiß man nicht mehr genau, was oben und was unten, was links oder rechts ist. Nach starkem Alkoholgenuss kann es einem genauso ergehen. Wir Menschen brauchen die **Raum-Lage-Orientierung** grundsätzlich, um uns in der Welt zurechtzufinden. Sie ist erforderlich, um räumliche Beziehungen wahrzunehmen und zu verstehen. Damit ist sie wichtig, um Buchstaben zu erkennen und richtig zu nutzen, denn manche haben Oberlängen (t, l, f, ...), andere Unterlängen (g, y) und einige beides (j; f nur in Schreibschrift).

Eine schwache Raum-Lage-Orientierung zeigt sich auch in Problemen, sein Zimmer aufräumen zu können, Ordnung auf dem Schreibtisch zu halten oder etwas nach Plan zu bauen. Später in der Schule haben betroffene Kinder Probleme damit, den Zeilenanfang beim Schreiben richtig einzuhalten, Buchstaben nicht zu verdrehen oder „d“ und „b“ oder „u“ und „n“ nicht zu verwechseln. Im Vorschulalter kann man spielerisch für eine funktionierende Raum-Lage-Orientierung üben:

- Körperteile zeigen und bewegen lassen, beispielsweise die Finger mithilfe dieses kleinen Gedichts:

  Das ist der Daumen
  (aus der Faust heraus aufrichten),
  der schüttelt die Pflaumen
  (Zeigefinger daneben strecken),
  der hebt sie alle auf
  (Mittelfinger zusätzlich aufrichten),
  der trägt sie nach Haus
  (Ringfinger ergänzen) –
  und der freche Kleine isst sie alle alleine auf
  (der kleine Finger macht die offene Hand komplett).

- Übungen zur Körperbeherrschung, etwa durch Schattenspiel mit Fingern und Händen

- „Wer bin ich" – mit einer Pantomime Personen darstellen und erraten lassen
- In Labyrinth-Zeichnungen den Weg von drinnen nach draußen suchen
- Figuren nach- oder spiegelverkehrt zeichnen
- Geometrische Muster und Formen mit dem Baukasten nachgestalten

Gedächtnis

Wer fit im Kopf sein will, muss sich vieles merken können. Vorschulkinder schaffen das oft sehr viel besser als wir Erwachsenen. Beim Memory-Spiel staune ich immer wieder darüber, dass die Kleinen regelmäßig mehr Paare sammeln als ihre Eltern oder Großeltern. Tatsächlich muss man ihr Gedächtnis nicht wirklich trainieren – sie lernen gewissermaßen automatisch. Wenn man sein Kind nach einem Museumsbesuch ein Bild malen lässt, kann man sich nur darüber wundern, wie viele Einzelheiten es aufs Papier bringt und wie viel mehr noch es von der Ausstellung zu erzählen weiß.

Diese Leistungsfähigkeit lässt unsere Kleinen auch Spaß daran haben, Gedichte oder Lieder auswendig zu lernen oder kleine Rollen fürs Theaterspiel einzuüben. Das lässt sich als Überraschung zu Geburtstagen oder Familienfesten ausnutzen. Weitere Möglichkeiten, ihr Gedächtnis auf die Probe zu stellen und sie herauszufordern, sind zum Beispiel

- ein Fotospaziergang: Wenn Eltern mit ihrem Kind spazieren gehen, können sie ab und zu ein Foto von markanten

Stellen am Weg aufnehmen. Zu Hause soll das Kind anhand der Fotos erzählen, was es an den jeweiligen Stellen alles zu sehen gab.

- Variante dazu: Fotoreihenfolge ändern. Kann das Kind die Bilder im Nachhinein richtig sortieren?
- das Einkaufen: Nennen Sie auf dem Weg zum Einkauf drei Artikel, die das Kind sich unbedingt merken soll. Erinnert es sich im Supermarkt noch an alle drei?
- Wenn es Spaß macht und gut klappt, können Sie die Anzahl nach und nach erhöhen.
- die Fortsetzungsgeschichte: Falls Eltern ihrem Kind jeden Abend ein Kapitel aus einem Kinderroman vorlesen, sollte es immer vor der Fortsetzung erzählen, was im letzten Kapitel geschehen ist.

Denkfähigkeit

Wenn ein Kind sich so viel merkt, müsste es auch darüber nachdenken können: Warum ist etwas so und nicht anders? Dazu muss man es jedoch herausfordern und sich viel von dem erzählen lassen, was es alles gesehen und erlebt hat. Dabei kann man auch Fragen stellen, warum etwas so ist und nicht anders, warum sich jemand wie verhalten hat oder weswegen etwas geschehen sein könnte. Es ist spannend zu erleben, welche Gedanken sich Kinder machen können. Dabei sollte man sie nur in Ausnahmefällen korrigieren, wenn sie falsche Schlüsse ziehen oder unrealistische Sachverhalte vermuten, denn die eigenen Erfahrungen belehren stets am wirksamsten.

Natürlich gibt es auch Logikspiele, beispielsweise von miniLÜK, die dem „Vorschultraining“ dienen sollen. Selbstverständlich gibt es auch „Kinderakademien“ zur frühen Hochbegabtenförderung mit speziellen Angeboten. Aber ganz allgemein gilt:

- Kinder sind von Natur aus kreativ. Deswegen sollte man sie im Allgemeinen einfach mal machen lassen, was sie machen wollen, und nicht ständig korrigieren.
- Ein Lob ist erlaubtes Doping für die kindliche Kreativität, aber nur, wenn es auch etwas Lobenswertes gibt.
- Freies Spielen fördert die kindliche Kreativität am wirksamsten. Es stärkt das Selbstvertrauen, regt die Denkfähigkeit an, lässt die Kinder Verantwortung übernehmen und forciert ihre Fähigkeit, sich vertieft auf das Tun einzulassen (Konzentrationsfähigkeit).

Kreativität ist nichts anderes, als schöpferisch mit den Gegebenheiten umzugehen. Wären wir Menschen nicht prinzipiell kreativ, wären wir schon längst ausgestorben. Unsere Vorfahren haben die Eiszeit und gefährliche wilde Tiere überlebt, lange bevor die Menschheit so intelligent wurde, wie sie heute ist. Die Natur hat sie auf die Probe gestellt, und die Tatsache, dass wir heute existieren, ergibt sich nur daraus, dass die Menschheit im Existenzkampf erfolgreich war.

In den zahllosen Kursen für Vorschulkinder gibt es keine derartigen Herausforderungen, sondern stets nur Aufforderungen, etwas nachzumachen. Das mag manchen Eltern attraktiv erscheinen, ist jedoch das Gegenteil von Förderung der Denkfähigkeit. Freies Spielen hingegen kommt der Kreativität unserer Kinder am nächsten. Wenn sie Anregungen brauchen, dann vielleicht solche:

- Improvisierte Rollenspiele wie das klassische „Vater, Mutter, Kind“ lassen die Kinder gemeinsam Szenen planen, die dann aus dem Stegreif heraus inszeniert werden. Ob eine Situation beim Abendessen gespielt wird oder ein familiäres Kaffeetrinken mit Besuch, ist gleich. Oft werden die Szenen auch unterbrochen, weil die Kinder unterschiedliche Vorstellungen von den vereinbarten Rollen haben und sich erst wieder verständigen müssen. Es geht dabei jedoch nicht um ein vorzeigbares Ergebnis, sondern um den Prozess des Spielens und sich Verständigens.
- Viele Museen bieten spezielle Führungen für Kinder an. Ob es sich um Bilder oder naturwissenschaftliche Ausstellungen handelt, ist nicht so wichtig wie die Gestaltung der Führung. Wenn die Kinder Gelegenheit haben, sich die Objekte in Ruhe und mit der Möglichkeit zum Nachfragen anzuschauen, werden viele Denkprozesse in Gang gesetzt. Eine abschließende Phase mit der Gelegenheit, selber etwas zu gestalten, vertieft dieses Nachdenken noch.
- Kinder sind „Jäger und Sammler“, auch schon vor dem Schulstart. Manches Kind bringt jeden Tag Steine, Stöckchen und andere kleine Fundsachen, oft sogar lebende oder tote Tierchen, Schneckenhäuser usw. mit nach Hause. Schmeißen Sie diese „Kostbarkeiten“ nicht weg! Geben Sie Ihrem Kind leere Schachteln oder vielleicht sogar einen Plastik-Sortimentskasten mit vielen unterschiedlich großen Fächern, um seine Fundstücke sortieren zu können. Die Sammelleidenschaft lässt sich nach und nach kultivieren und auf angenehmere Objekte wie Briefmarken, Münzen, Bierdeckel oder Streichholzschachteln umlenken. Sammeln bildet!

Artikulation und Sprechfertigkeit

Als mir einmal auf einem Spielplatz ein kleines Mädchen begegnete, das lispelte, sprach ich seine Mama an: „Ihr Kind lispelt ja“, sagte ich.

„Ja, das war von Anfang an so“, lispelte sie zurück.

Kinder lernen nun mal ihre Muttersprache, und wenn die Mutter lispelt, kann es leicht passieren, dass das Kind diesen Sprachfehler übernimmt.

Natürlich ist das nicht die Hauptursache für kindliche Sprechstörungen, und deswegen ist es wichtig, von Anfang an viel mit dem Baby zu reden. Wenn es wach ist, braucht es Ansprache, auch wenn es selbst noch nicht sprechen kann. Aber es hört die Mama oder den Papa und schaut ihnen ins Gesicht. Unser Sprechen weckt seine Aufmerksamkeit. Es versucht sogar immer wieder, mit seinen Bezugspersonen zu kommunizieren und produziert Laute, als ob es damit etwas mitteilen wollte. Wenn man diese Laute nachmacht, kann ein regelrechtes „Gespräch“ entstehen, schon lange, bevor das Kind spricht.

Dass die Sprechfertigkeit in der Schule bedeutsam ist, kann man sich leicht vorstellen. Unterricht besteht zu einem großen Teil aus dem Lehrer-Schüler-Gespräch. Darum sollte man sich vor dem Schulstart vergewissern, ob diesbezüglich alles normgerecht entwickelt ist. Die U9-Untersuchung beim Kinderarzt im Alter von fünf Jahren gibt neben anderem Aufschluss über die Sprachentwicklung. Sollten sich da Auffälligkeiten zeigen, bleibt noch mindestens ein halbes Jahr Zeit, um vor dem Schulstart mit einer logopädischen Behandlung Hilfestellung zu geben. Das ist wichtig, weil das eigene Sprechen bedeutsam für das Erlernen des Rechtschreibens ist. Wenn der Arzt die logopädische Behandlung verordnet, wird sie von der Krankenkasse bezahlt.

In der Regel ist mindestens ein Elternteil bei den Behandlungssitzungen des Logopäden anwesend. Die Eltern sollen nicht nur zuschauen, sondern auch manche der Übungen mitmachen, um sie zu Hause regelmäßig mit ihrem Kind fortsetzen zu können. 45 Minuten pro Woche ist schließlich nicht viel. Sprachfehler erfordern normalerweise tägliches Üben, um merkliche Fortschritte zu erzielen.

Wortschatz und Satzstruktur

Die meisten Kinder entwickeln allerdings eine ganz normale Sprechfertigkeit ohne besondere Auffälligkeiten. Wie gut sie sich sprachlich verständigen können, ist in erster Linie von ihrer Umgebung abhängig, also vom Gesprächsverhalten in Familie und Kita. Aber auch das erklärt nicht eindeutig, warum manche Kinder im Einschulungsalter bereits reden wie kleine Erwachsene und andere noch die üblichen Fehler machen. Warum auch ist „Ich laufte ganz schnell" falsch und „Ich raufte mit Sönke" richtig? Die Grammatik der deutschen Sprache ist nun einmal nicht völlig regelmäßig. Auch die meisten Erwachsenen können nicht alle Sprachfeinheiten erklären – wir lernen sie als Kind schlicht auswendig. Das beste Mittel dafür ist, viel zu sprechen und vorzulesen und darüber wiederum zu reden.

Doch genau dieses einfache Rezept wird immer weniger angewendet. Pädagogen beobachten, dass die Sprachgewandtheit der Schulanfänger seit Jahren ständig abnimmt. Ihr Wortschatz ist heute deutlich geringer, als der ihrer Eltern seinerzeit war. Sie kennen auch weniger Reime, Singspiele und Lieder als Kinder früherer Generationen. Eine der Folgen: 76 Prozent der über Sechzigjährigen lesen gerne und viel, doch nur 58 Prozent der 16- bis 29-Jährigen tun es ihnen gleich, wie das Institut für Demoskopie Allensbach kürzlich erhoben hat. Und die internationale Grundschul-Lese-Untersuchung (IGLU) von 2017 hatte gezeigt, dass fast jeder fünfte Viertklässler nicht in der Lage ist, einen altersgerechten Text zu lesen und inhaltlich zu verstehen. Wie sollen diese Kinder erfolgreich eine weiterführende Schule durchlaufen?

Eine der Ursachen für diese eindeutig feststellbaren Defizite liegt in der zu frühen Nutzung von elektronischen Geräten, eine andere darin, dass schon in fast jeder dritten Familie nicht mehr gelesen wird. Wenn Eltern regelmäßig zu Büchern, Zeitungen und Zeitschriften greifen, machen die Kinder es ihnen nach. Nutzen die Eltern jedoch lediglich Smartphone und Tablet, haben die Kinder nicht das anregende Vorbild, das sie brauchen. Deswegen ist es wichtig, ihnen regelmäßig vorzulesen. Die allabendliche Gute-Nacht-Geschichte, die Mutter oder Vater selbst darbieten und über die man anschließend noch ein Weilchen sprechen kann, ist durch eine Audio-CD oder -Datei nicht zu ersetzen. Solch eine Situation, vielleicht sogar verbunden mit Ankuscheln oder Im-Arm-Halten, schafft eine Nähe zum Inhalt der Geschichte, die intensiver ist als jede professionell gestaltete Hördatei.

Was gleichfalls eine wunderbare Form der Sprachförderung ist und zudem unendlich viel Spaß macht, ist das Kasperletheater. Schon ab rund 50 Euro gibt es einfache Modelle mit einer bunten Bühne aus Holz und sechs verschiedenen Handpuppen. Da kann man sich Stücke selbst ausdenken oder auch nachspielen. Auf youtube findet man zahllose Beispiele von etwa fünf bis zwanzig Minuten Dauer. Aber auch die örtliche Leihbibliothek hat Bücher mit Kasperlestücken im Sortiment.

Kinder sind Menschen mit besonderem Zuwendungsbedarf. Sie brauchen Erwachsene mit viel Zeit und noch mehr Geduld, die zuhören können und auf ihre Fragen eingehen. Dabei sollten Eltern darauf achten, dass sie in intensiven Gesprächen möglichst nicht mehr reden als ihr Kind. Wenn ihnen das gelingt, werden sie feststellen, dass die Kleinen oft selber auf Antworten zu ihren Fragen kommen. Auch wenn diese Antworten falsch sein sollten – selber zu denken macht einfach schlauer als Mama oder Papa denken zu lassen.

4 Lust auf Lernen

oder: Der motivationale Bereich der Schulfähigkeit

„Meine Motivation ist,
dass ich das liebe,
was ich tue."

(Lionel Messi, fünffacher Weltfußballer)

Okay – wenige Kinder im Vorschuljahr mögen vielleicht schon davon träumen, einmal ein ganz großer Fußballer oder die weltbeste Fußballerin zu werden. Aber ich glaube, dass noch weitaus weniger Kinder diesen Alters über eine großartige Schulkarriere fantasieren. Was der obige Satz von Messi zeigt, ist, dass Liebe zu einer Tätigkeit die beste Voraussetzung dafür ist, erfolgreich in ihr zu werden. „Erfolgreich" bedeutet normalerweise natürlich nicht, der Beste der Welt zu sein. Ein guter Schüler kann sich, wenn es später Noten gibt, auf viele Zweien und Einsen freuen. Erfolgsgefühle sind jedoch gar nicht in erster Linie von den Noten abhängig, sondern von positiven Erfahrungen beim Lernen: Etwas zu verstehen, ein Problem zu lösen, Erkenntnisse zu gewinnen und Dinge neu zu können – das alles ist viel wichtiger und grundlegender für die Lust aufs Lernen.

Die Ausprägung von Motivation beruht also gar nicht auf Noten, sondern wird schon lange vor der Schule, besonders in den ersten drei Lebensjahren, von positiven Erfahrungen im Elternhaus geprägt. Der kleine Mensch lernt Anstrengungsbereitschaft dadurch, dass er erlebt, wie seine Anstrengungen zu lustvollen Erfolgsgefühlen führen. Schon beim Trinken an der Mutterbrust oder aus der Flasche muss er „arbeiten“, nämlich saugen mit dem Ziel, satt und zufrieden zu werden. Beim Spielen lernen kleine Mädchen und Jungen, dass sie sich Gegenstände, die außerhalb ihrer Reichweite liegen, holen müssen. So kommen sie ans Krabbeln. Diese frühen Erfahrungen sind die Basis der uralten Lebensweisheit, dass wir ohne Anstrengung nie ein Erfolgsgefühl genießen können.

Obwohl die Leistungsmotivation ihren Ursprung in den ersten Lebensjahren hat, spricht man im Vorschulalter noch gar noch nicht von ihr, obwohl doch alle Kinder in dieser Lebensphase schon unglaublich viel leisten. Sie lernen zu laufen und zu sprechen, sie erlernen Spiele, Mal- und Basteltechniken, sie erwerben körperliche Geschicklichkeit und soziales Einfühlungsvermögen. Manche wachsen zweisprachig auf, was prinzipiell jedes Kind könnte, und ungefähr fünf Prozent lernen schon vor dem Schuleintritt zu lesen, ohne dass es ihnen jemand systematisch beigebracht hätte. Nie wieder in seinem Leben lernt ein Mensch so viel innerhalb von sechs Jahren wie in der Vorschulzeit – ist das nicht fantastisch?

Selbstwertgefühl und Selbstkonzept

Doch „Leistungsmotivation“ wird im Vorschulalter noch nicht thematisiert – einfach deswegen, weil es in diesem Alter keinen Vergleichsmaßstab für kindliche Leistungen gibt. Sie wird erst dann messbar, wenn Anforderungen gestellt werden, die für alle gelten, wie das in der Schule üblich ist. Aber beobachten, wie ein Kind sich mit seiner Umwelt auseinandersetzt, das kann man schon sehr früh. Derartige Aktivitäten bilden die Grundlage für die später so wichtige Leistungsmotivation – in der Schulzeit sogar die wichtigste Persönlichkeitseigenschaft für erfolgreiches Lernen!

Alle Kleinkinder sind neugierig. Wenn man sie lässt, untersuchen sie alles in ihrer Reichweite, fassen es an, stecken es in den Mund und spielen so lange damit, bis es ihnen langweilig wird. Was sie dabei befriedigt, sind das Vertrautwerden mit dem Gegenstand und positive Erfahrungen mit ihm. Insofern greifen sie nach und nach eben häufiger zum Schmusetuch und zu ihrer Lieblingspuppe als zu irgendwelchen Haushaltsgegenständen. Sie entwickeln Gefühle in Bezug auf Dinge. Diese wiederum werden durch die Reaktionen von Bezugspersonen beeinflusst und verstärkt oder auch ins Negative gewendet. Unser „igitt" oder „bäh" erzeugen die Grundlage für spätere Ekelgefühle, genau wie unser „schön" die Basis dafür bildet, dass unser Kleines kuschelige oder schmusige Erfahrungen sein Leben lang lieben wird.

Im Vorschuljahr sind Kinder natürlich bereits sehr viel weiter entwickelt. Sie haben eindeutige Lieblingsspiele und Lieblingsspielsachen. Es gibt Haushaltstätigkeiten, bei denen sie gerne helfen wollen, und solche, an denen sie lieber nicht mitwirken möchten. Kaum ein Kind wird sich die Chance nehmen lassen, beim Backen von Plätzchen mitzumachen. Das Kinderzimmer aufzuräumen dagegen ist häufiger ein Konfliktfeld in der Familie. Der Umgang mit derlei und anderen ungeliebten Tätigkeiten ist entscheidend für das spätere Akzeptieren lästiger Pflichten im Zusammenhang mit Schule und Lernen.

Aufräumen ist aus vielerlei Gründen für Kinder unattraktiv. Der wichtigste Grund ist, dass sie es einfach nicht können, denn kein Mensch wird mit dem Wunsch nach Ordnung geboren. Die meisten lernen das eigenverantwortliche Schaffen von

Ordnung im Laufe der Zeit, wenn sie das Bedürfnis danach entdecken und eine aufgeräumte Umgebung als sinnvoll und angenehm erkennen.
Und doch kann und sollte man das Aufräumen des Kinderzimmers schon früh üben. Kisten, Boxen und Regale sollten erreichbar sein. Sich mit dem Kind gemeinsam auf den Fußboden zu setzen und alle Legosteine in ihre Box zu räumen, kann sogar Spaß machen. Dabei vom Tag zu erzählen lockert die Atmosphäre auf, auch wenn das Arbeitstempo darunter leiden mag. Und kompromissbereit sollten Eltern schon sein, wenn eine Spiellandschaft für morgen noch gebraucht wird – das Drumherum wegzupacken kann das Zimmer schon viel ordentlicher machen.

Wer als Schulanfänger bereits ganz gut im Zimmeraufräumen ist, wird es auch leichter haben, in seinen Schulsachen Ordnung zu halten. Aber auch dann bedarf es noch einiger Zeit, bis ein Kind seine Bücher, Hefte und Schreibmaterialien selbstständig ordentlich zu verstauen vermag. Entscheidend ist die Grundhaltung in Bezug auf Ordnung. Wer von klein auf das Aufräumen geübt und als positiv erlebt hat, wird auch einen ordentlichen Schreibtisch und gut sortierten Schulranzen pflegen können – und stolz darauf sein!

Wer stolz auf sein selbst aufgeräumtes Zimmer ist, denkt also Sätze wie beispielsweise: „Ich bin gut, weil ich schon aufräumen kann" oder „Ich bin groß, ich kann Ordnung machen". Sich selbst als Urheber einer positiven Bewertung zu erkennen ist die Grundlage von positivem Selbstwertgefühl. Das Lob anderer hingegen, auch der eigenen Eltern, muss dieses Gefühl nicht stärken und kann manchmal sogar gegenteilige Effekte haben.

Auf einem Spielplatz beobachtete ich einmal, wie ein etwa dreijähriger Junge auf ein Klettergerüst klettern wollte. Aber dessen Sprossen lagen zu weit auseinander – es war für ältere Kinder konstruiert.

Doch der Kleine wollte hinauf und fing schließlich an zu brüllen. Die Mutter schnappte sich ihren Jungen und hob ihn hinauf bis zur obersten Stange. Dort konnte er sich festhalten und fand auch Halt für seine Füße. Er strahlte jetzt, und seine Mama klatschte in die Hände und rief: „Guck mal, wie toll du schon klettern kannst!"

Solch ein Lob ist zwar unsinnig, aber es kommt manchen Eltern leider viel zu häufig über die Lippen. Dem Kind einen Erfolg rückzumelden, den es sich gar nicht selbst erarbeitet hat, ist lieb gemeint, aber ausgesprochen schädlich. Kommt das häufiger vor, kann ein Kind nicht den Zusammenhang zwischen eigener Anstrengung und dem Erfolg lernen. Später in der Schule wird es auffallen, weil es schnell aufgibt und kein Durchhaltevermögen beim Arbeiten an Lernfortschritten aufweist.

Auf richtige Weise hingegen darf man sein Kind ruhig häufiger loben. Dazu gehören drei Grundsätze:

- Loben Sie Ihr Kind grundsätzlich dann, wenn es gerade selber etwas Gutes oder Richtiges getan hat.
- Loben Sie Ihr Kind ruhig auch, wenn es sich gerade besondere Mühe gibt, etwas hinzukriegen, ohne bereits perfekt zu sein. Aber: Dann muss das Lob der Anstrengung gelten, nicht dem Ergebnis! Zum Beispiel: „Prima, wie du versuchst, deine Hose anzuziehen. Ich helfe dir noch mit dem Gürtel, und bald kannst du das ganz allein!"
- Loben Sie nicht immer mit Worten, sondern ganz bewusst manchmal nur mit Blicken, Kopfnicken oder einem Lächeln.

Selber tun macht tüchtig, selber denken macht schlau, selber können macht stolz – das sind die entscheidenen Grundsätze, mit denen Kinder ein positives Selbstkonzept sowie ein starkes Selbstwertgefühl entwickeln können.

Stärkung der Frustrationstoleranz

Mit einer derartigen Ich-Stärke können Kinder eine Fähigkeit entwickeln, die einstmals fast alle Kinder hatten, die in heutigen Grundschulklassen jedoch zunehmend seltener wird: Frustrationstoleranz.

Frustrationstoleranz ist die nicht angeborene,
aber lernbare Fähigkeit, mit Enttäuschungen umzugehen
und/oder Bedürfnisse aufzuschieben,
ohne in Aggression oder Depression zu verfallen.

Vor rund 50 Jahren erforschte der amerikanische Psychologie-Professor Walter Mischel diese Fähigkeit bei vier- und fünfjährigen Kindern aus dem Kindergarten der Universität, an der er lehrte. Dafür setzte er den Marshmallow-Test ein, den wir heute in verhunzter Form aus der Werbung kennen. 2012 nämlich präsentierte Ferrero Werbeclips, in denen eine Frau Kindern ein Überraschungsei mit dem Versprechen gab, sie bekämen noch ein zweites, wenn sie das erste nicht auspackten, bis sie wieder da sei. Ähnliche Bilder, wenn auch noch viel eindrucksvoller, erbrachte der ursprüngliche Test von Walter Mischel, zu dem man auch heute noch Filmchen auf youtube findet. Dort führt eine Assistentin Kinder einzeln, manchmal auch zu zweit, in ein Versuchszimmer. Dieses ist leer bis auf einen Stuhl und einen Tisch mit einem Teller, auf dem ein Marshmallow liegt – jene Süßigkeit, die amerikanische Kinder so lieben wie deutsche den Schokokuss. Die Assistentin sagt dem Kind, dass der Marshmallow ihm gehöre, es jedoch einen zweiten bekäme, wenn es den ersten nicht äße, bis sie wiederkomme.

Da Wissenschaftler neugierige Menschen sind, beobachteten und filmten Walter Mischel und sein Team die getesteten Kinder genau durch Einwegscheiben, so dass die Kinder davon nichts bemerkten. Manche hielten die 20 (!) Minuten Versuchsdauer aus, die meisten jedoch nur teilweise und vereinzelte sogar keine Sekunde – sie futterten schon los, bevor die Assistentin zu Ende geredet hatte. Dieser kleine Test war jedoch nur der Anfang des gesamten Versuchs, der sich über rund zwei Jahrzehnte erstreckte. Als Mischel nach 13 Jahren den Bildungserfolg der einstmals Vier- und Fünfjährigen überprüfte, zeigte sich, dass die seinerzeit erfolgreich wartenden Kinder fast alle eine Universität besuchten, während diejenigen, die ihr Marshmallow schon vor Ablauf der Wartezeit gegessen hatten, nicht den höheren Bildungsweg erreicht hatten. Weitere Vergleiche im Laufe der folgenden Jahre ergaben, dass die erfolgreichen Test-Absolventen im Studium engagierter waren und später im Job schneller die Karriereleiter hinauf kletterten als andere. Gleichzeitig zeichneten sie sich durch eine größere Lebenszufriedenheit und geringere materielle Ansprüche aus.

Dieser Test hat weltweit Aufsehen erregt und für viel Diskussion nicht nur in der Fachwelt, sondern auch unter Eltern, Erzieher/-innen und Lehrkräften gesorgt. Die Entwicklung des Lebensstandards in der westlichen Welt seit den 70er Jahren hat ihn im Grunde bestätigt: Je besser es uns allen materiell geht, desto weniger anstrengungsbereit sind wir. Entbehrungen zu akzeptieren fällt immer mehr Menschen immer schwerer. Trotzdem kommen zunehmend höhere Quoten von Jugendlichen zu erfolgreichen Bildungsabschlüssen – die Bildungswelt hat sich gewandelt. Allerdings kritisieren viele Universitäten die Studierfähigkeit heutiger Studienanfänger als nicht ausreichend.

Doch was können Eltern tun, damit ihr Vorschulkind demnächst in der Schule genügend Frustrationstoleranz aufzubringen vermag, um auch schwierige Lernphasen erfolgreich durchzustehen? Ganz einfach: Man kann Frustrationstoleranz trainieren! Schließlich ist sie ja „lernbar“, wie es in obiger Definition heißt. Wenn sie in den ersten Lebensjahren vielleicht nicht hinreichend gefördert wurde, so lässt sich doch auch später noch daran arbeiten, selbst wenn die Trainingserfolge dann nicht mehr ganz so spektakulär ausfallen.

- Spielen Sie Gesellschaftsspiele mit ihrem Kind! Am Beispiel „Mensch ärgere dich nicht“ lässt sich das sehr gut demonstrieren: Man muss lernen zu warten, bis man mit Würfeln an der Reihe ist. Man muss lernen, dass man erst mit einer „6“ aus dem Häuschen kommt. Man muss lernen, dass man nicht nur andere rausschmeißen darf, sondern auch selber rausgeschmissen werden kann. Und man muss lernen, dass man nicht nur gewinnen, sondern auch verlieren kann. Wer zu viert spielt, hat nur eine Gewinnchance von 25 Prozent. Beim Spiel zu zweit liegt sie bei fifty-fifty. Sein Kind meistens gewinnen zu lassen, wirkt nur im Augenblick positiv, denn dadurch werden Spiele schnell langweilig. Gerade die eher kleine Siegchance erhöht ja das Erfolgsgefühl beim Triumph. Das zu genießen und andererseits zu ertragen, wenn man verliert, ist ein Zeichen von Frustrationstoleranz.

  Übrigens: Es gibt Würfelspiele mit Farbwürfeln schon für Kinder ab zwei, drei Jahren.

- Geschicklichkeitsspiele helfen gleichfalls, Frustrationstoleranz zu trainieren. Ob man mit Tüchern jongliert oder mit Bällen, ob man ein Kügelchen durch das Holzlabyrinth rollen lässt oder Puzzles legt, ob man Einrad trainiert oder Klettern – durch Üben kommt man zu immer besseren Ergebnissen. Damit wachsen Geschicklichkeit und Frustrationstoleranz.

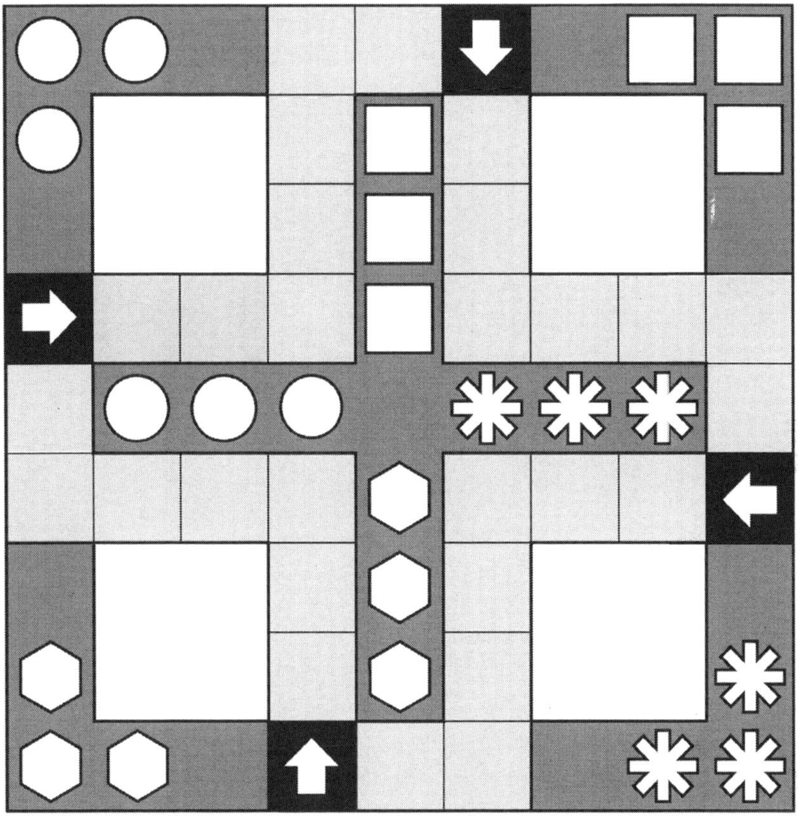

Das Drei-Steine-Spiel, eine vereinfachte Form von „Mensch ärgere dich nicht"

- Heutige Kinder fangen oft schon mit zwei Jahren an, auf einem Kinderfahrrad zu fahren. Eigentlich sollten sie vorher auf jeden Fall sehr sicher laufen und springen können. Bei einem Spaziergang erlebte ich einmal eine Familie mit einer sehr jungen Fahrradanfängerin. Das kleine Mädchen hatte Mühe, geradeaus zu fahren, und dann kippte es auch noch um. Doch weder versuchte es, wieder aufzustehen, noch weinte es – es wartete einfach. Gleich darauf kam die Mama angelaufen und richtete das Rädchen mit dem Kind darauf wieder auf.

Um Frustrationstoleranz zu erwerben, muss man allerdings seine kleinen Missgeschicke grundsätzlich selber ausbügeln und nicht von Mama oder Papa beheben lassen.

- Selbst der Fernseher kann die Frustrationstoleranz trainieren – wenn er häufig aus bleibt! Mehr als 30 Minuten Bildschirm pro Tag sind zu viel für Kinder bis fünf Jahren; ab sechs dürfen es 45 Minuten sein, empfiehlt das Bundesfamilienministerium.
- Der Familienrat ist ohnehin eine sinnvolle Einrichtung. Seine regelmäßige Durchführung kann allerdings auch die Frustrationstoleranz stärken. Familien, die regelmäßig, beispielsweise nach dem Frühstück am Sonntagmorgen, solch eine Sitzung abhalten, können dabei nicht nur über die Erlebnisse der vergangenen Woche erzählen, sondern auch den nächsten Ausflug oder Urlaub planen. Wohin soll es gehen? Was kann man dahin mitnehmen? Planen und diskutieren helfen zu lernen, dass nicht jeder Wunsch realistisch ist und man immer wieder Kompromisse schließen muss.
- Sparen ist für Vorschulkinder natürlich eine Sache, die sie noch nicht berechnen können. Aber zu lernen, dass nicht jeder Wunsch sofort erfüllt werden kann, sondern dass man darauf sparen muss, ist ein gutes Training für die Frustrationstoleranz. Die Spardose ist für Vor- und Grundschulkinder viel anschaulicher als ein Konto und wirkt damit erzieherisch auch effektiver.

Die Neugier

Ist Ihr Kind neugierig, will alles anschauen und untersuchen, nervt ununterbrochen und möchte Dinge wissen, von denen Sie nichts verstehen? Das ist schön – so waren Sie wahrscheinlich auch, als Sie noch klein waren. Die kindliche Neugier ist der zentrale Schlüssel für die geistige Entwicklung des Menschen. Wenn Kinder häufig nach Dingen fragen, von denen wir nichts verstehen, ist das übrigens noch kein Zeichen für Hochbegabung, sondern eher dafür, was wir für Bildungsmängel haben.

Die Psychologie unterscheidet zwischen „spezifischem" und „diversivem Neugierverhalten":

Das „spezifische Neugierverhalten" wird durch Umweltreize ausgelöst, die neu sind oder zweideutig, die auf jeden Fall mit Unklarheit oder Unsicherheit verbunden sind. „Was ist das?" – „Wie geht das?" – „Was kann man damit machen?" – Warum ist das so?" Derlei Kinderfragen können wir jeden Tag zigfach hören.

Das „diversive Neugierverhalten" zeigt sich in eintönigen Situationen. Bei Langeweile haben wir Menschen doch immer das Bedürfnis nach Reizen, Abwechslung und Anregung. „Mama, mir ist so langweilig – spielst du mit mir?", ist die klassische Frage dafür.

Und was ist die beste Antwort darauf? „Tut mir leid, ich habe im Augenblick keine Zeit." – Wirklich. Natürlich sollten Eltern schon ab und zu mal eine viertel oder halbe Stunde (oder gelegentlich auch mehr) für Spiele mit ihrem Kind aufbringen, aber eben nicht jederzeit; die Hausarbeit will ja auch erledigt werden.

Was passiert, wenn ein Kind derart abgewiesen wird? Seine Kreativität wird gestärkt! In meinem Buch „Kleine Schubse –

große Wirkung" (MEDU-Verlag Dreieich, 3., akt. Aufl. 2015) erzähle ich die wahre Geschichte „Langeweile macht kreativ" (S. 77 f.). Darin geht es um Kai, den seine Mutter mit einem ärgerlichen „Jetzt lass mich doch einmal in Ruhe!" abblitzen lässt, als er mit ihr spielen will. Er ist sauer und geht in den Garten, wo er schließlich die Ecke sieht, die sein Vater ihm einmal abgesteckt hatte.

> *„Kai marschiert hin und lässt seine Wut am Unkraut aus. Als er eine kleine Fläche freigejätet hat, gerade groß genug für seinen Kopf, kommt ihm das wie ein Versteck vor. Bäuchlings auf dem Boden liegend kann er „heimlich" die Welt durch die hohen Halme um ihn herum beobachten und „Rache brüten". Aber bald lässt ihn seine Phantasie an Räuber denken. Er richtet sich ein auf seinem Fleck, buddelt mit den Fingern und schließlich einem Steinchen kleine Gräben ins Erdreich, häufelt kleine Wälle auf und spielt mit Stöckchen und Steinen als Figuren Abenteuergeschichten.*
>
> *Diese für Kinder typische Spielphantasie ist ein wesentlicher Ausdruck von Intelligenz. Der Mensch hat ein kreatives Potenzial, das er aber nur ausschöpfen kann, wenn er durch Phasen der Langeweile hindurchgehen darf, ohne gleich wieder abgelenkt zu werden.*
>
> *Als Frau W. ihren Kai zum Abendessen ruft, ist er so in sein Spiel vertieft, dass er gar nicht aufhören will. Konnte ihm und seiner Mutter etwas Besseres passieren?"*

Nein, konnte es nicht. Kai lernte so, seine miese Stimmung auszuhalten und aus der Untätigkeit heraus auf neue Ideen zu kommen. Dadurch konnte er die Erfahrung machen, dass Kreativität in ihm steckt. Seine Mutter lernte, dass es nicht nur nichts ausmacht, wenn sie nicht ständig Zeit für ihren Sohn aufbringt, sondern dass es ihn im Gegenteil sogar zu neuer Kreativität führen kann.

Was das spezifische Neugierverhalten angeht, so können Eltern im Alltag versuchen, so weit wie möglich die Fragen ihres Kindes zu beantworten oder gemeinsam im Lexikon oder Internet zu recherchieren. So lässt sich auch die Attraktivität von Büchern erfahrbar machen, wenn man gemeinsam in der Bücherei das passende Was-ist-was?-Buch ausleiht und zu Hause in Ruhe durchblättert. Diese Reihe wird zwar erst ab acht Jahren empfohlen, aber zum Anschauen der Bilder und Vorlesen sind die meisten Titel auch schon früher geeignet.

Verwandelt sich die kindliche Neugier in Sammelleidenschaft, sollte man die Steinchen und toten Würmer, die abends in den Hosentaschen zu finden sind, nicht einfach entsorgen. Dass die toten Würmer keine guten Sammelobjekte sind, riecht das Kind nach kurzer Zeit selbst und macht damit wieder eine lehrreiche Erfahrung. Aber das Sammeln kann man vielleicht auch auf Bonbonpapiere, Bierdeckel oder Briefmarken lenken. Vor allem letztere sind hochinteressant und ausgesprochen lehrreich. Man kann sie nämlich sortieren: nach Herkunftsland, gestempelt/ungestempelt, beschädigt/unbeschädigt, Motiven, Sätzen und diese wiederum nach dem Markenwert. So lernen Kinder, wie man vieles in der Welt ordnen kann.

Arbeitshaltung

Das Messi-Zitat vom Kapitelanfang kann man auch umkehren: „Meine Motivation ist, das ich das tue, was ich liebe." Das ist eine für Kinder typische Haltung. Sie bedeutet ja im Umkehrschluss, dass ich nichts tun mag, was ich nicht liebe. Natürlich gestehen wir kleinen Kindern viele Freiheiten zu, eben auch die, nicht aufräumen, nicht beim Tischdecken helfen oder nicht beim Essen bis zum Schluss sitzen bleiben zu wollen. Aber es gibt auch Dinge, die sein müssen: Anziehen vor der Kita, Hände waschen vor dem Essen, Zähne putzen vor dem Zu-Bett-Gehen. Für etliche Kinder sind das ausgesprochen lästige Pflichten. Wie geht Ihr Kind damit um?

Klar – wenn es ein Schulkind ist, muss es morgens pünktlich zur Schule gehen. Es wird Pflichten zu erfüllen haben wie das Erledigen von Hausaufgaben. Und es wäre schön, wenn es dann so selbstständig wäre, dass Zähneputzen und Anziehen ohne Trödelei funktionierten. Wir können eine entsprechende Haltung im Vorschuljahr fördern:

- Kinder brauchen die Gewöhnung an feste, immer wieder zu erledigende Aufgaben wie beispielsweise das Helfen beim Tischdecken, beim Ausräumen der Spülmaschine oder das Staubsaugen im Kinderzimmer.

- Wenn Ihr Kind das verweigert oder motzig wird, lassen Sie sich Zeit, bis es zu Bett geht. Sprechen Sie dann eindringlich mit ihm: „Schau mal, ich mag auch nicht immer kochen, einkaufen oder putzen. Aber was wäre denn, wenn ich das nicht täte?“ Lassen Sie Ihr Kind darüber reden und hören Sie ihm zu. Bleiben Sie geduldig und fallen Sie ihm nicht ins Wort. Wenn Sie wieder an der Reihe sind, erklären Sie, was wirklich die Folgen wären, wenn Sie Ihre Pflichten nicht erledigten, und fragen Sie: „Willst du mir wirklich nicht ein bisschen dabei helfen?“ Falls nötig, sagen Sie zum Schluss, dass seine Hilfe wirklich wichtig ist und sein muss. Fordern Sie sie am nächsten Tag auf jeden Fall gleich wieder ein.
- Für das Erledigen von Aufgaben ist immer ein „Dankeschön“ angebracht. Es braucht keine Belohnungen und im Normalfall auch kein Punktesystem, aber ein Dankeswort gleich nach der Erledigung oder spätestens beim Abendessen ist sehr hilfreich. Vielleicht können Sie Ihrem Kind auch vermitteln, dass es schön wäre, wenn es Ihnen gelegentlich „danke“ sagen würde für das Waschen seiner Wäsche, das Kochen des Essens u. a. m.
- Kinder haben häufig die Neigung, angefangene Tätigkeiten nicht zu vollenden. Das ist vor allem dann der Fall, wenn sie so viele Spielsachen besitzen, dass sie sich nicht in ein Spiel vertiefen, sondern ständig vom einen zum anderen übergehen. Reduzieren Sie doch einfach die Menge der Spielsachen im Kinderzimmer! Unsere Kleinen brauchen viel weniger, als sie im Normalfall haben.
- Beim Malen oder Basteln versuchen Sie, Ihr Kind nach und nach an das Fertigstellen seiner angefangenen Arbeiten zu gewöhnen. Aber überfordern Sie es nicht dabei. Wenn es etwas nicht gerne tut, dann sind zehn Minuten im Vorschuljahr völlig ausreichend.

Lassen Sie Ihr Kind möglichst oft an der Suche nach Lösungen für kleine Probleme teilhaben, denn Kinder helfen gerne. „Der Mülleimer ist voll, was machen wir denn da?" – „Das Geschirrtuch ist nass, wie bekomme ich jetzt die Teller trocken?" – Oder beim Einkaufen: „Wir brauchen unbedingt noch Salz, denkst du bitte mit dran?" Immer, wenn Ihr Kind mitdenkt, haben Sie einen guten Grund, ihm ein Lob dafür zu schenken.

Selbstständigkeit

Über die im letzten Absatz beschriebenen indirekten Aufforderungen, die der Anbahnung einer verantwortungsvollen Arbeitshaltung dienen, fördern Sie natürlich auch die Selbstständigkeit ihres Kindes mit. Indem es sich daran gewöhnt, Aufgaben zu übernehmen und zu erfüllen, wächst es in Abläufe hinein, die Kinder erlernen müssen, weil sie nicht selbstverständlich zum kindlichen Verhaltensrepertoire gehören. Jede allein erziehende Mutter kann davon erzählen, was ihr Kind schon alles im Haushalt leistet, um mitzuhelfen, den Alltag zu bewältigen. Wo die Not es erfordert, werden Kinder sehr früh unglaublich verantwortungsbewusst. Wo keine Not herrscht, sollten wir wenigstens ansatzweise versuchen, Verantwortungsübernahme lernen zu lassen.

Solche ersten Ansätze sind noch ganz einfach, wenn sie für manche Eltern auch problematisch scheinen:

- Kinder brauchen die Freiheit in Form von Zeit und der Möglichkeit, sich auszuprobieren. Wenn sie auf dem Spielplatz auf ein Klettergerüst klettern wollen oder beim Spaziergang über eine Mauer balancieren möchten, sollten wir sie lassen, auch wenn wir besorgt sind und Risiken befürchten.

- Nehmen Sie Ihrem Kind nichts ab, was es selber kann oder versuchen will. Ob anziehen, Brot schmieren oder aufräumen – Selbstständigkeit erfordert das „selbst tun".
- Kinder brauchen Verantwortung, Zuständigkeiten und Aufgaben. Daran wachsen sie ganz besonders.
- Streit mit anderen, ob beim Spielen im Sandkasten oder mit den Geschwistern, sollten Kinder möglichst selbstständig austragen. Eingreifen müssen wir lediglich, wenn bei Rangeleien wirklich eine Verletzungsgefahr droht. Kinder sind konfliktfähiger, als Erwachsene oft denken, und wenn einmal nicht, sollten wir sie fragen, was sie selbst tun könnten, um ihr Problem zu lösen.
- Absprachen und Vereinbarungen sind wichtig. So lernen Kinder, Aufgaben zu übernehmen und Regeln einzuhalten. Sollten sie sich nicht an eine Absprache gehalten haben, besprechen Sie die Konsequenzen mit ihnen und suchen Sie gemeinsam nach einer Form der Wiedergutmachung.

Manchmal sind Kinder frustriert oder werden wütend, weil irgendetwas nicht klappt, wie sie es sich gewünscht haben. Das ist ganz normal, denn unsere Kleinen müssen ja erst lernen, dass nicht alles auf Anhieb funktioniert. Aber besonders wichtig ist es, seinem Kind nicht abzunehmen, was gerade nicht klappte, sondern es zu ermutigen, das gleich oder ein anderes Mal erneut zu versuchen. Erzählen Sie ruhig auch, wie Sie selbst als Kind beispielsweise wochenlang geübt haben, bis Sie endlich eine Schleife am Schuh binden konnten. Wie bereits oben in diesem Kapitel zu lesen war, ist die Frustrationstoleranz eine entscheidend wichtige Fähigkeit, die Kinder trainieren müssen – immer und immer wieder. Trost und Zuspruch helfen dabei, aber Kindern Aufgaben abzunehmen ist nur Sprit für den Hubschrauber der Helikopter-Eltern.

Spielverhalten

Das Spiel ist der „Beruf" eines jeden Kindes. Die Kinder in aller Welt spielen – Sie haben es schon immer getan. Und eigentlich brauchen sie dafür weder LEGO noch Barbie, denn wo es keine Spielsachen gibt, da erfinden sie Spiele mit den Sachen, die da sind. Sie haben schon in der Steinzeit gespielt und vermutlich auch noch früher. Das Spielen gehört zum Leben des Menschen und war beispielsweise im antiken Ägypten bereits hoch kultiviert: Bilder aus jener Zeit belegen, dass Kinder Puppen, Bälle, Spieltiere und sogar Wagen hatten und auch mit Masken verkleidet Theater spielten.

Das Spielen hat für uns Menschen eine Bedeutung, die nur die wenigsten richtig einzuschätzen verstehen. Es ist weit mehr als nur Zeitvertreib oder Bildungsmittel, sondern es dient dem Lernen fürs Leben. Kinder, die mit anderen spielen, lernen dabei neben anderem auch den Umgang miteinander. Sie entwickeln Freude am kreativen gemeinsamen Tun, aber auch Konfliktfähigkeit in Streitsituationen, die nie ausbleiben können und auch nicht ausbleiben dürfen. Wo Erwachsene kindlichen Streit unterbinden, verhindern sie zentral wichtige Lernprozesse. Kinder, die das Streiten nicht üben, werden Erwachsene, die mit Meinungsunterschieden nicht zurechtkommen. Das Spielen ist also keine Spielerei, sondern lebensnotwendig.

Was sollten Vorschulkinder denn nun am besten spielen, um davon für ihre Schulfähigkeit zu profitieren?

- Gesellschaftsspiele wie „Mensch ärgere dich nicht", „Halma" oder „Fang den Hut" gibt es massenhaft. Die Fachwelt nennt sie „soziale Regelspiele", weil sie gemeinsam mit anderen und nach festen Regelvorgaben gespielt werden.

Da man dabei gewinnen oder (viel häufiger) verlieren kann, wird Ehrgeiz geweckt, aber auch Disziplin verlangt. Verlieren zu können ist im Vorschulalter noch längst nicht immer ausgeprägt. Es erfordert Frustrationstoleranz und Einfühlungsvermögen, denn sich mit dem Gewinner freuen zu können, setzt große Souveränität voraus. Insofern sind Gesellschaftsspiele meist erst im Vorschuljahr angesagt, wenn eine entsprechende Reife erkennbar wird. Kinder erwerben dabei natürlich eine Menge an mathematischen Grundfertigkeiten, an taktischen und strategischen Fähigkeiten sowie seelischer Robustheit.

- Wenn ein Kind mit seinen Autos, seiner Puppe oder Stofftieren spielt, praktiziert es eine Vorstufe zum Rollenspiel. Dieses „Symbolspiel", wenn die Puppe gebadet und angezogen wird oder man sich mit Autos wilde Verfolgungsjagden liefert, können Kinder sowohl alleine als auch gemeinsam inszenieren.
- Beim Rollenspiel hingegen braucht man Partner, denn „Vater, Mutter und Kind" oder andere lassen sich nicht alleine durchführen. Derlei Spiele haben gar nichts mit Schule zu tun und sind trotzdem wunderbare Übungen für späteres Kooperieren in Lernprojekten oder der Gruppenarbeit.
- Auch das Spielen mit Finger- und Handpuppen findet meistens im Team statt, selbst wenn man alleine dafür üben kann. Marionetten und Stabpuppen sind weitere Puppenspielformen, die jedoch eine Bühne erfordern und für die Aufführung von festen Theaterstücken stehen. Kreativität, das Einüben von Rollen und die Präsentation vor Publikum nehmen Präsentationsaufgaben vorweg, wie sie später vor der Schulklasse zu erfüllen sind. Das Schattenspiel gehört gleichfalls in diesen Kreis, kann aber durchaus allein geübt und vorgeführt werden und stärkt besonders die Handgeschicklichkeit.

- Bewegungsspiele wie „Fangen“ oder „Verstecken“ trainieren u. a. Beweglichkeit, Kondition, Reaktion, die Kooperation mit anderen und Beziehungsnähe. Manche Spiele wie Eierlaufen oder Sackhüpfen stehen den Geschicklichkeitsspielen nahe, andere werden mit verbundenen Augen gespielt und fördern den Orientierungssinn.
- Konstruktionsspiele wie LEGO üben perspektivisches und logisches Denken, fördern aber zudem das Abstraktionsvermögen und schon bei kleineren Kindern die Zahlvorstellung.
- Anspruchsvoller wird das Konstruieren mit Bausteinen aus Holz oder Ton, die gestapelt werden müssen und auf diese Weise die manuelle Geschicklichkeit üben. Solche Bauspiele gestatten mehr gestalterische Freiheit und fördern das Experimentieren sowohl in manueller als auch in planerischer Hinsicht.

Denk- und Lernspiele gelten übrigens unter Pädagogen im Unterschied zu den voranstehenden Spielmöglichkeiten als Übungsformen, nicht als Spiele. Denksportaufgaben, Logeleien oder Sprachlernspiele sind nämlich Aufgaben, die nur den „kognitiven“, also den Denkbereich, trainieren sollen und keine ganzheitlichen Wirkungen auf kleine oder auch große Menschen ausüben. Aber sie zeigen, dass das Lernen auf spielerische Art besonders attraktiv für Kinder ist.

5 Gemeinsam oder einsam

oder: Der soziale Bereich der Schulfähigkeit

„Wenn wir nicht zusammenarbeiten,
werden wir für unsere Probleme
keine Lösung finden."

(Dalai Lama)

Schule ist eine Gemeinschaftsveranstaltung. In einer Schulklasse ist man mit rund 20-30 Kindern zusammen. Das erfordert bestimmte Fähigkeiten, z. B. mit anderen Kontakt aufzunehmen, sich zu vertragen, gemeinsam zu arbeiten, Regeln einzuhalten und Streitigkeiten friedlich regeln zu können. Diese Fähigkeiten können jedoch noch längst nicht komplett entwickelt sein, wenn ein Kind eingeschult wird – die ganze Schulzeit über wird daran gearbeitet werden. Doch Ansätze dafür sollten schon vorhanden sein. Schließlich hat der Dalai Lama recht mit seinem oben zitierten Satz. „Unsere Probleme" sind sehr vielfältig, betreffen alle gemeinsam in unserer Gesellschaft und ihre Lösung ist überlebensnotwendig, ob wir an Müll, Umwelt und Klima denken oder an soziale Konflikte, Verdienstunterschiede und politische Grundhaltungen. Bereits im ersten Schuljahr sind z. B. wesentliche Themen, wie jeder das Klassenzimmer sauber hält, wie Streitigkeiten zu regeln sind oder in Kleingruppen zusammengearbeitet wird. Tatsächlich sind derlei „Sozialkompetenzen" zentral bedeutsam für erfolgreiches schulisches Lernen; sie sind meiner Meinung nach ein besonders wichtiger Bestandteil der Schulfähigkeit. Tägliche Konflikte mit Mitschülern und Lehrern beeinträchtigen den schulischen Alltag so sehr, dass viele Kinder ihr Begabungspotenzial nicht angemessen in Leistung umsetzen können. Welche sozialen Fähigkeiten besonders bedeutsam sind, stelle ich in den folgenden Abschnitten dar.

Kontaktfähigkeit

Viele Grundschulen listen auf ihren Webseiten auf, was die „i-Dötzchen" an sozialen Fähigkeiten aufweisen sollten. Die Kontaktfähigkeit fehlt dabei nie. Das ist nicht verwunderlich, denn jeder Schultag steckt voller Kontakte.

Der Begriff „Kontaktfähigkeit" meint das Persönlichkeitsmerkmal, Kontakt mit bekannten, aber auch unbekannten Personen aufnehmen und die Beziehungen zu ihnen pflegen zu können. Wir alle kennen Menschen, die sehr kontaktfähig, geradezu kontakt*freudig* sind und mit vielen Leuten in Verbindung stehen. Wer über einen gewissen Sinn für Humor verfügt, sich offen und tolerant verhält, aber auch ausgeglichen ist und verständnisvoll, wird sich immer leicht damit tun, Menschen kennenzulernen und Zeit mit ihnen zu verbringen.

Schüchterne und verschlossene Menschen tun sich dagegen sehr viel schwerer mit der Kontaktaufnahme zu anderen. Sie hätten vielleicht gerne mehr Beziehungen, aber ihre Art ist dafür hinderlich. Offenheit erfordert nämlich das Selbstbewusstsein, das ihnen fehlt. Auch hochmütige, neidische und missgünstige Personen werden nicht so leicht positive Beziehungen eingehen. Wer solche Eigenschaften bei einem anderen beobachtet, hält sich gerne von ihm fern, denn wir wissen aus Erfahrung, dass Herabsetzungen nicht gut tun.

Wenn es einen Schlüssel gibt, der die Tür zu einer besseren Kontaktfähigkeit öffnet, dann ist es das eben bereits erwähnte Selbstbewusstsein. Damit meint man die Art, sich für seine Wünsche und Rechte vehement einzusetzen, ohne andere dabei zu verletzen. Wer selbstbewusst ist, hat es nicht nötig, andere auszunutzen oder nach seiner Pfeife tanzen zu lassen. Man kann sich meistens durchsetzen, aber man ist auch in der Lage zu erkennen, ob das gerade sinnvoll ist. Selbstbewusste Kinder können, wenn ihr Spielvorschlag in der Gruppe gerade abgelehnt wird, auf die Vorschläge der anderen eingehen, ohne sich persönlich abgelehnt zu fühlen. Das ist ein Zeichen für große Souveränität und im Vorschulalter eher noch die Ausnahme.

Wer selbstbewusst ist, weist Selbstvertrauen auf – eine Eigenschaft, für die schon in den ersten Lebensjahren der Grundstein gelegt wird. Wir können es aber auch noch im Vorschuljahr fördern:

- Hilfreich für das Selbstvertrauen ist Ermutigung. Hat Ihr Kind ein Bild gemalt, mit dem Sie nicht zufrieden sind oder manches sogar nicht erkennen, sollten Sie es in Ruhe anschauen und könnten dann sagen: „Schön, dass du so gerne malst. Magst du mir erklären, was das alles ist?“
- Eine Kritik des Bildes oder das Zeigen, wie man „richtig“ malt, wirkt hingegen entmutigend.
- Wenn Ihr Kind etwas falsch macht, beispielsweise ein Buch aus dem Regal zieht und dabei ein paar andere Bücher auf den Boden wirft, sollten Sie nicht Ihr Kind tadeln, sondern nur sein Fehlverhalten. „Pass doch auf, du Trottel“ oder Ähnliches ist eine persönlich beleidigende Schimpfattacke. In der Wut passieren uns solche Äußerungen durchaus, aber sie sind ausgesprochen schädlich für das kindliche Selbstbewusstsein und ein schlechtes Vorbild.

- Viel besser sind „Ich-Botschaften“: „Ich möchte, dass du aufpasst, wenn du ein Buch aus dem Regal nimmst“ sagt klarer, was Ihnen wichtig ist.
- Vermeiden Sie negative Etiketten wie „Na, mein kleiner Tollpatsch?“ und trösten Sie Ihr Kind nicht mit „Ach, komm her, du Heulsuse“. Solche Zuschreibungen verstärken die kritisierten Eigenschaften nur, während jedes Kind gerne weniger stolpern oder weinen möchte. Legen Sie Ihr Augenmerk bewusst auf positive Verhaltensweisen und „erwischen“ Sie das Kind möglichst oft damit: „Hey, du bist ja schon angezogen!“ oder „Das hast du aber schön gebaut“ klingt nicht nur viel besser, sondern baut auch das kindliche Selbstvertrauen gezielt auf.

Soziale Sensibilität

Es gibt Kinder, die sich leicht damit tun, sich an neue Situationen anzupassen, die gerne Freundschaften knüpfen und die abgeben können, indem sie Bonbons oder Schokolade nicht immer nur selbst futtern, sondern auch mal mit anderen teilen. Als sozial sensibel gilt ein Kind dann, wenn es im Umgang mit anderen seine persönlichen Ziele erreicht, ohne die Beziehung zu den anderen zu beschädigen. Voraussetzung dafür ist natürlich die Fähigkeit, sich und andere unterscheiden zu können. Sie entwickelt sich im Laufe des zweiten Lebensjahres und ist die Voraussetzung dafür zu merken, dass ein anderes Kind beispielsweise traurig ist oder Hilfe braucht. Solches Einfühlungsvermögen ermöglicht es schon im Kindergartenalter, die Perspektive eines anderen zu erkennen. Fragen wie „Warum weint denn der Florian?“ oder „Warum ist Yvonne denn so wütend?" lassen sich schon gut ab etwa drei Jahren gemeinsam erörtern.

Zur sozialen Sensibilität im Vorschulalter gehört gleichfalls die Fähigkeit, auf andere einzugehen, ihnen bei Bedarf zu helfen oder sie gegebenenfalls zu loben. Auch das Regulieren der eigenen Stimmung, das Befolgen von Anweisungen oder das Bitten um Hilfe, das Akzeptieren und Anerkennen von Gemeinschaftsregeln sowie das selbstbewusste Vertreten einer eigenen Meinung sind Ausdruck sozialer Kompetenzen. Sie sind wichtig sowohl für das atmosphärische Klima in einer Gruppe oder Schulklasse als auch für das eigene Wohlbefinden. Wo sie fehlen, beherrschen Aggression und Machtkämpfe den Alltag.

Es gibt eine Menge Spiele, mit denen sich die soziale Sensibilität fördern lässt. Allerdings kann man solche Spiele nicht allein spielen, sondern braucht immer Partner – es geht ja schließlich um Gemeinschaft:

- „Storchennest": Ob Mama und Kind oder Kinder miteinander spielen – man braucht auf jeden Fall eine leere Flasche und viele Streichhölzer. Reihum legt jeder ein Streichholz auf den Flaschenrand. So entsteht ein Storchennest, das immer höher wächst, bis es irgendwann einstürzt. Wie hoch schaffen wir das?
- „Heißer Ball": Die Kinder stehen in einer Reihe hintereinander. Der Spielleiter erklärt, sie sollten sich vorstellen, der Ball wäre ganz heiß. Darum muss man ihn immer so schnell wie möglich rückwärts über den Kopf nach hinten weitergeben. Der letzte gibt ihn durch die Beine des Vordermanns nach vorne durch, bis er wieder beim ersten ankommt.
- „Die Schnecke": Alle stehen im Kreis und fassen sich an den Händen. Ein Kind ist der Schneckenkopf und lässt einen

seiner beiden Nachbarn los. So kann es mit der anderen Hand die Gruppe als Schnecke hinter sich her in den Kreis hineinziehen. Es geht spiralförmig in immer engeren Kreisen bis in die Mitte, so dass alle Kinder eng beieinander im Schneckenhaus sind. Nun windet sich der Schneckenkopf durch die anderen hindurch nach außen und zieht dabei die ganze Kinderschnecke hinter sich her, bis das Chaos entwirrt ist. – Abwechselnd darf jeder einmal Schneckenkopf spielen.

Es gibt in Leihbüchereien und Buchhandlungen etliche Titel, die sehr viele solcher Spiele enthalten. Schon diese drei Beispiele haben gezeigt, dass es vor allem um Zusammenarbeit, Gemeinschaft, gegenseitige Wahrnehmung, Körperwahrnehmung und das Einhalten von Regeln geht. Zu meiner Kinderzeit gehörten derlei Spiele zu unserem Alltagsrepertoire auf der Straße wie auch in der Wohnung. Erinnern Sie sich noch an Bockspringen, Rücken stemmen, Seilspringen zu dritt oder viert, Anticken, Hinklauf oder Plumpsack? Spiele geraten in Vergessenheit, wenn sie nicht mehr gespielt werden.

Kommunikationsfähigkeit

Im Vorschulalter kann wohl jedes Kind sprechen, aber nicht alle kommunizieren gut und erfolgreich. Was ist denn der Unterschied zwischen Sprechen und Kommunizieren?

Als Sprechen bezeichnet man das mündliche Produzieren von Worten, um Mitteilungen zu machen, Fragen zu stellen oder Anweisungen zu geben. Das Kommunizieren hingegen umfasst zusätzlich den Tonfall und die körperlichen Ausdrucksmittel wie Mimik und Gestik. Wenn ich ein Kind frage, wo seine Puppe sei, und es nur mit den Schultern zuckt, so hat es zwar nichts gesagt, mir aber dennoch mitgeteilt, dass es das nicht weiß. Die Worte machen nicht einmal ein Zehntel unserer menschlichen Kommunikation aus, der Tonfall mehr als ein Drittel und die Körpersprache mehr als die Hälfte. Macht man sich das bewusst, wird klar, dass die Kommunikation per Telefon oder SMS nicht vollwertig ist. Für die einfache Informationsübermittlung mag sie ausreichen, für die Gestaltung von zwischenmenschlichen Beziehungen jedoch nicht.

Vorschulkinder sind noch mitten im Lernprozess des Kommunizierens. Sie können zwar bereits sehr geschickt Ihre Mama um den Finger wickeln, wenn sie etwas Süßes möchten oder eigene Wünsche durchsetzen wollen. Aber sie haben noch Schwierigkeiten, Situationen genau zu schildern, die sie gerade erst erlebt haben. Besonders problematisch wird es, wenn sie an einem Konflikt beteiligt waren. Das liegt daran, dass sie noch nicht gut darin sind, Fakten und Gefühle zu unterscheiden. Diese Fähigkeit lässt sich auch nicht leicht trainieren, weil Reifeprozesse des Gehirns dafür erforderlich sind, die bis zum Ende der Pubertät dauern. Fördern kann man sie nur auf eine Weise: mit viel Gespräch ohne Zeitdruck. Wenn man beispielsweise den Heimweg vom Kindergarten zu Fuß und stressfrei zurücklegen und dadurch allen Impulsen seines Kindes folgen kann, hat man Teil an zahllosen Entdeckungen und wird mit unendlich vielen Fragen konfrontiert. Oder die abendlichen Gespräche beim Gute-Nacht-Sagen – wie oft kommt man da in philosophische Gefilde, wenn es um den lieben Gott geht, um Krieg und Frieden oder ob es Zauberer, Hexen und Feen wirklich gibt.

Mit seinem Kind sollte man viel sprechen, sehr viel. Das fängt schon beim Umgang mit dem Baby an. Badet man es, kann man jeden Handgriff benennen und erklären, auch wenn es das noch nicht versteht. Vermag es schließlich selbst zu sprechen, braucht es das Gespräch erst recht, nicht zuletzt, um sich nach und nach besser und immer fehlerfreier äußern zu können. Und wenn es Fragen hat, denkt es über etwas nach und braucht unsere Impulse. Natürlich fragen Kinder unendlich viel, so dass wir gar nicht immer und erst recht nicht korrekt antworten können. Aber das ist auch nicht entscheidend wichtig. Wir können gerne gelegentlich antworten: „Hm, das ist eine interessante Frage. Was glaubst du denn?“ Dass die Theorien unserer Kinder in der Regel nicht den Tatsachen entsprechen, sollte uns dabei nicht stören. Wir müssen sie nicht ständig korrigieren, sondern können ihnen ihre Irrtümer meistens ruhig lassen. Irgendwann kommen sie selbst zu den richtigen Erkenntnissen – nur selbst zu denken macht schlau!

Und noch eines ist sehr wichtig: Kinder brauchen persönlichen Kontakt im Gespräch, um Sprache so wahrzunehmen, dass sie ihre Sprachfähigkeit verbessern können. Vom Anschauen eines Fernsehfilms jedenfalls lernen sie nichts in Sachen Kommunikation. Der Blickkontakt ist gerade für Kinder unverzichtbar, weil sie nur auf diese Weise prüfen können, ob sie gemeint sind und wie etwas zu verstehen ist. Wenn Sie beispielsweise Ihr gerade ungehorsames Kind ermahnen, nützt die Mahnung häufig nichts, wenn sie nicht drei Dinge beachten: Augenhöhe – Blickkontakt – Körperkontakt.

Einmal beobachtete ich eine Mutter mit ihrem vielleicht vierjährigen Sohn beim Einkauf in einem sehr großen Supermarkt. Dort gab es ein Regal mit sicherlich mehr als 30 Sorten Nudeln. Es war nicht einfach, die richtige Sorte zu finden, und dem Kleinen wurde es schnell langweilig. Er begann, aus Konservendosen einen Turm zu bauen. Die Mutter bemerkte es und sagte (zum Nudelpäckchen, das sie gerade prüfend in der Hand hielt): „Timo, lass das!“ Doch Timo fühlte sich nicht angesprochen und baute weiter. Seine Mama sagte mit Nachdruck (zum nächsten Nudelpäckchen): „Timo, ich hab dir gesagt, du sollst das lassen!" Da stürzte der Dosenturm scheppernd zusammen und die Mutter verschwand eilig mit ihrem Söhnchen im nächsten Gang – ohne Nudeln.

Diese Mutter hat die drei Grundbedingungen der Kommunikation mit Kindern außer Acht gelassen, die seit Johann Heinrich Pestalozzi und damit seit rund 200 Jahren bekannt sind. Wenn man es ernst mit dem meint, was man dem Kind sagen muss und was es anschließend tun oder lassen soll, begibt man sich auf Augenhöhe mit ihm. In unserem Beispiel hätte die Mama also zu ihm und in die Hocke gehen sollen.
Dann schaut man dem Kind in die Augen und fordert es auf, einen gleichfalls anzublicken. Und schließlich stellt man Körperkontakt her, indem man es beispielsweise am Arm anfasst, um ihm dann freundlich und bestimmt zu sagen, was es zu sagen gibt. Einer derart intensiven Situation kann sich kaum ein Kind entziehen. Fast immer reagieren die Kleinen darauf im erwünschten Sinn, weil sie nun eindeutig wissen: Das gilt mir.

Kinder funktionieren nun einmal nicht wie ein Alexa-Lautsprecher auf Zuruf. Sie haben – glücklicherweise – einen eigenen Kopf und gehorchen nicht einfach ohne selbst zu denken und widerspruchslos. Doch wenn die Ideen des Kinderkopfes nicht zu den Realitäten des Augenblicks passen, brauchen unsere Kleinen eine hilfreiche Klarstellung. Wichtig ist jedoch, dass sie die Gelegenheit haben, Stellung zu beziehen. Wir müssen erfassen, was genau sie eigentlich wollen, um richtig handeln zu können. Wer in der Eile einfach über sein Kind bestimmt, erlebt regelmäßig Protestgeheul oder riesiges Geschrei. Wer klar und deutlich spricht, aber auch hinhört, kommt friedlicher zum Ziel.

Die Kommunikationsfähigkeit unseres Kindes ist also in erster Linie abhängig von der unseren. „Wie man in den Wald hineinruft, so schallt es heraus", pflegte meine Oma häufig zu sagen. Wir sind diejenigen, von denen es in erster Linie lernt, wie man kommuniziert, indem es uns imitiert.

Kooperationsbereitschaft

Das gilt gleichermaßen für die Bereitschaft zur Zusammenarbeit. Kinder kooperieren gerne, wenn wir mit ihnen kooperieren. Darunter versteht man das Zusammenarbeiten auf ein Ziel hin, beispielsweise beim Tischdecken: „Magst du die Teller auf den Tisch stellen? Ich stelle die Gläser dazu." Nach vollendeter Handlung kann man sein Kind in den Arm nehmen und sich gemeinsam freuen.

Kleine Kinder helfen uns noch gerne beim Tischdecken, vielleicht auch beim Backen, Möhren schneiden oder Staubsaugen. Im Vorschulalter dagegen ist die Mithilfe im Haushalt oftmals nicht mehr so beliebt. Trotzdem ist sie wichtig. Wenn die ganze Familie von einem intakten Haushalt profitiert, sollte auch die ganze Familie daran mitwirken. Altersgerechte kleine Pflichten sind nie verkehrt, und wenn Papa auch mitarbeitet, werden Lukas oder Marie sich letztlich nicht entziehen.

Wenn wir allerdings an die Schule denken, dann heißt Kooperationsbereitschaft, mit den anderen Mädchen und Jungen zusammenarbeiten zu können. Das üben unsere Kinder ja bereits im Sandkasten. Da kann man gemeinsam Kuchen backen oder eine Burg mit Wassergraben bauen. Wenn sie mit zwei, drei Jahren einfach noch nebeneinander spielen, so spielen sie mit vier, fünf Jahren schon richtig miteinander: Sie verteilen Aufgaben, ergänzen sich und helfen sich gegenseitig. Eine solche Kooperation lässt sich mit Gruppenspielen vertiefen:

- Weltraumausflug: Die Kinder verteilen sich auf zwei Gruppen. Jedes erhält vom Spielleiter (z. B. eine Mama) ein Blatt Papier (DIN-A4), das im Spiel als „Energieplatte" dient, die unbedingt gebraucht wird, um die Aufgabe zu bewältigen. Die Kinder sollen nämlich aus der „Raumkapsel" aussteigen und einen Ausflug ins Weltall unternehmen. Wie schwierig der Parcours ist, ob ein Stuhl überklettert oder unter dem Tisch durchgekrabbelt werden muss, entscheidet der Spielleiter. Aber wichtig ist, dass jedes Kind immer eine Energieplatte berühren muss, ganz gleich, mit welchem Körperteil, denn sonst verglüht man im All. Falls ein Kind den Kontakt zu einer Energieplatte verliert, scheidet es aus und sein Team verliert auch das Blatt Papier.

  Der Spielleiter misst die benötigte Zeit und entscheidet, welches Team am Ende gewonnen hat.

- Menschenkette: Der Spielleiter spannt zwischen zwei Stühlen eine Schnur, die die Kinder überqueren müssen. Die Teilnehmer fassen sich an den Händen und bilden so eine Menschenkette. Ein Kind nach dem anderen übersteigt die Schnur, ohne sie zu berühren und ohne eine Hand der anderen loszulassen. Wer dabei einen Fehler macht, muss zurück und sich hinten anstellen, während seine Ex-Nachbarn die Lücke schließen, indem sie sich an den Händen nehmen.

  Der Spielleiter passt auf, dass kein Kind die Schnur berührt oder einen Nachbarn loslässt. Es gibt dabei keine Sieger oder Verlierer, sondern das Gemeinschaftsgefühl soll gestärkt werden. Wird das Spiel öfters gespielt, kann der Spielleiter zusätzlich die Zeit messen, um den Ehrgeiz zu wecken, den ganzen Ablauf immer zügiger werden zu lassen.

- Blindschleiche: Alle Kinder und ihr Anführer (vielleicht ein Elternteil) befinden sich im Freien: in einem Garten, einem Park oder Wald. Alle laufen barfuß. Sie stellen sich in einer Schlange hinter dem Anführer auf und legen die Hände auf die Schultern des Kindes davor. Nur das vorderste Kind legt seine Hände auf die Hüften des Anführers oder fasst ihn am Gürtel an. Alle ***schließen die Augen***, nur der Anführer nicht. Er geht langsam los, und die Kinderkette folgt ihm durchs Gelände. Er versucht, einen möglichst abwechslungsreichen Weg zu finden, der ruhig ein paar hundert Meter lang sein kann, und ruft dabei: „Wir waten durch einen Fluss (eine Pfütze) zur Insel. Wir laufen durch den Dschungel (über Gras). Wir betreten einen Palast (Teerweg)." Der Fantasie sind keine Grenzen gesetzt, und auch die Kinder können sich an den Gedankenspielen beteiligen, worauf sie gerade laufen.

  Es gibt keine Sieger, aber an sinnlicher Erfahrung gewinnen alle – ein tolles Gemeinschaftserlebnis.

- Der „blinde Wanderer" kann in einem größeren leeren Raum oder im Freien gespielt werden. Ein Kind wird ausgelost, das mit verbundenen Augen durch den Geräusche-Wald, also vom einen Raumende zum anderen oder von einer Seite der Gruppe zur anderen, gehen soll. Die anderen Kinder stehen als Bäume im Raum verteilt und damit im Weg. Bevor der blinde Wanderer jemanden berührt, soll dieser rechtzeitig ein Geräusch von sich geben, z. B. ein Summen oder Säuseln wie von Blättern im Wind, und der Wanderer muss versuchen, ihn zu umgehen. Verliert der Wanderer seine Orientierung und droht gegen die Wand zu laufen oder das Spielfeld zu verlassen, summen alle Kinder gemeinsam laut und warnend.

  Man muss es nicht, aber man kann das Spiel auch als Wettspiel durchführen, indem der Spielleiter jeweils die

Zeit stoppt und notiert, wenn ein Kind nach dem anderen als blinder Wanderer loszieht.

An diesen Beispielen ist leicht zu erkennen, dass man Kooperationsbereitschaft nicht alleine lernen kann. Man braucht andere Kinder dazu, ob in der Kita oder im Freizeitbereich. Eine große Kindergruppe ist dafür noch besser geeignet als nur ein oder zwei Geschwister. Eltern tun ihren Kindern also einen großen Gefallen, wenn sie den Kontakt untereinander zulassen und fördern.

Konfliktverarbeitung

Reichlicher Kontakt unter Kindern bietet allerdings immer wieder auch Raum für Konflikte. Das ist jedoch kein Argument gegen viel Gesellschaft, sondern für das Erlernen von Konfliktfähigkeit. Damit meint man, Auseinandersetzungen nicht auszuweichen, sondern sie aufnehmen zu können und konstruktiv zu bewältigen oder sogar im Vorfeld schon zu vermeiden. Trainingsmöglichkeiten dafür bietet jeder Kita-Alltag reichlich. Wie oft geraten Kinder miteinander in Streit, die gleichzeitig mit dem Roller fahren oder das gleiche Bilderbuch anschauen wollen? Optimal ist es, wenn die Kinder sich letztlich so einigen können, dass jedes zufrieden ist. Das nennt man dann eine Win-Win-Lösung, weil es keine Verlierer gibt. Setzt sich jedoch ein Kind mit Macht gegen ein anderes durch, so gibt es einen Verlierer – und damit Stoff für weitere Konflikte, denn niemand verliert gerne. Auch Kinder wollen sich ihr Recht zurückerorbern.

Streitigkeiten werden in der Regel von heftigen Gefühlen begleitet. Wut und Frustration haben häufig Aggressionen oder Zerstörung zur Folge. Das ist nicht nur für das Klima in der Kindergruppe bedeutsam, sondern auch für die Persönlichkeitsentwicklung der Kleinen. Wo Vorschulkinder die Erfahrung machen, dass sie mit Macht ihre Ziele durchsetzen können, werden Verhaltensauffälligkeiten geprägt, die im Schulleben große Probleme bereiten werden. Deshalb ist es immer wichtig, dass Konflikte im ruhigen gemeinsamen Gespräch gelöst werden, ob in der Kita oder zu Hause. Gut gelöst sind sie, wenn alle Beteiligten mit dem Ergebnis zufrieden sind.

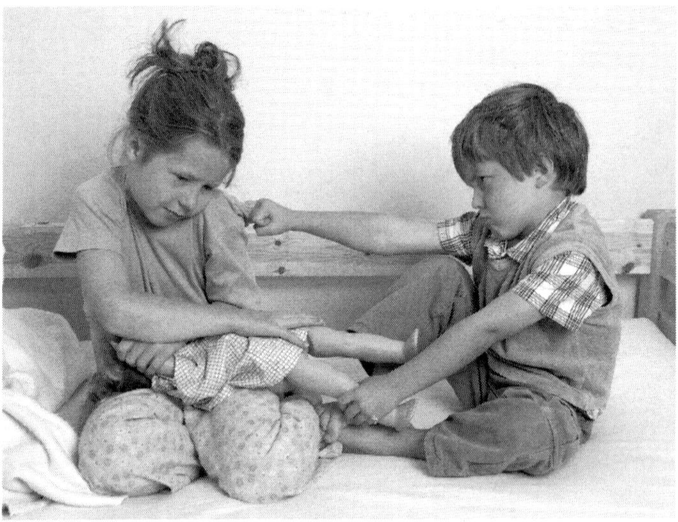

Gute Konfliktlösungen sind nicht zuletzt von einer guten Sprachkompetenz der Kinder abhängig. Gute Kommunikations- und Kooperationsfähigkeit verringern die Wahrscheinlichkeit aggressiven Verhaltens, weil sie den Umgang mit Regeln und Streitigkeiten darüber erleichtern. Kinder, die zudem über ein gesundes Selbstwertgefühl sowie Beziehungskompetenz verfügen, können sich darüber hinaus gut in andere, auch in Konfliktpartner, hineinversetzen. Das sind die wesentlichen Voraussetzungen für Empathie, für Einfühlungsvermögen. Wer das besitzt, versteht besser, warum jemand sauer, ärgerlich oder wütend ist.

Doch all das heißt noch nicht, dass es keinen Konflikt mehr geben wird, wenn Kinder derlei positive Voraussetzungen mitbringen. Es bedeutet nur, dass sie ihre Meinungsverschiedenheiten prinzipiell besser klären können. Wie das geht, müssen sie lernen – mit unserer Hilfe.

> Mia und Leonie spielen in Mias Kinderzimmer mit den Barbie-Puppen. Als Leonie nach einem Kleid greift, das auch Mia gerade nehmen will, kommt es zum Streit.
>
> **Mia:** *„Hey, das Kleid brauche ich gerade."*
> **Leonie:** *„Aber du hast doch so viele Kleider, nimm doch ein anderes."*
> **Mia:** *„Das sind meine Kleider. Du kannst nur nehmen, was ich gerade nicht brauche."*
> **Leonie:** *„Du bist doof. Du kannst doch jeden Tag damit spielen."*
> In diesem Augenblick kommt Mias Mutter hinzu, die den Streit gehört hat. Sie setzt sich zu den Mädchen auf den Boden, die beide sauer sind, aber in diesem Moment nichts sagen.
> **Mutter:** *„Na, das klingt ja, als hättet ihr gerade Streit."*
> **Mia:** *„Ja, weil Leonie ein Barbie-Kleid nehmen will, das ich jetzt brauche."*
> **Leonie:** *„Das ist so ein schönes Kleid, wie ich keins habe. Ich wollte es doch nur mal der Puppe hier anziehen."*
> **Mutter:** *„Hm, das ist schwierig, wenn zwei Barbies das gleiche Kleid anziehen wollen. Was kann man denn da nur machen?"*

Leonie: *„Wir könnten ja knobeln, wer das Kleid zuerst nehmen darf. Die andere kriegt es dann nachher.“*
Mutter zu Mia: *„Wäre das eine gute Idee?“*
Mia: *„Meinetwegen. Aber wenn Leonie beim Knobeln gewinnt, kriege ich das Kleid in ein paar Minuten wieder.“*
Leonie: *„Klaro!“*
Mutter: *„Und Leonie muss sowieso in ein paar Minuten wieder nach Hause gehen.“*
Mia: *„Echt? Dann lass uns schnell knobeln!“*

Die Mutter hätte natürlich auch einfach ins Zimmer schauen und den Streit „von oben herab“ über die Köpfe der auf dem Boden hockenden Mädchen hinweg „regeln“ können, indem sie zum Beispiel verfügt hätte, dass Leonie jetzt das umstrittene Kleid nutzen darf, weil sie eh gleich gehen muss. Doch das hätte die trübe Stimmung mit Sicherheit nicht aufgehellt. Da sie jedoch auf Augenhöhe mit den Mädchen ging und ihnen lediglich half, ihren Konflikt selbst zu regeln, war die Stimmung schnell wieder gut. Die Erfahrung, wie sie ihren Streit mit der Hilfe von Mias Mutter regelten, kann den beiden Mädchen in späteren ähnlichen Situationen helfen, sich selbst auch ohne Hilfe zu einigen.

Eltern müssen keine ausgebildeten Streit-Schlichter sein, um Kindern bei der Lösung ihrer Konflikte zu helfen. Es reicht, sich klar zu machen, dass die Kinder selbst die Verantwortung für ihren Streit haben und man ihnen diese Verantwortung nicht nehmen darf. Allein schon, dass man sich dazusetzt, wirkt beruhigend auf die Streitpartner. Es sind nur wenige Prinzipien, die man in derlei Situationen beachten sollte:

- Nehmen Sie die Situation ernst und greifen Sie sie auf: *„Es hört sich so an, als hättet ihr ein Problem miteinander.“* Alle Beteiligten sollen die Möglichkeit haben, ihre Gefühle auszudrücken und getröstet zu werden.

- Geben Sie jedem Kind die Möglichkeit, seine Sicht der Dinge darzulegen: „*Ich wüsste gerne, wie du das siehst, und dann würde ich gerne hören, was deine Meinung dazu ist.*“
- Sie bleiben dabei neutral und ergreifen niemandes Partei. Wiederholen Sie einfach, was jedes Kind sagt.
- Wenn ein Kind Sie auffordert, eine Entscheidung zu treffen, halten Sie sich zurück und fragen lieber nach, was jedes Kind möchte.
- Können die Kinder sich zunächst nicht selbst einigen, dann zählen Sie einfach die offensichtlichen Lösungsmöglichkeiten auf.
- Wenn die Kinder eine Konfliktlösung gefunden haben, fragen Sie nach, wie genau sie umgesetzt werden soll und ob alle damit einverstanden sind.
- Klappt es mit der Lösung, freuen Sie sich mit den Kindern darüber. Ist ihre Wirkung jedoch nicht positiv, sollten Sie sich nochmals in Ruhe mit den Kindern zusammensetzen.

Als Eltern sind wir die wichtigsten Vorbilder für unsere Kinder. Wenn wir ihnen derart konstruktiv helfen können, ihre Unstimmigkeiten zu regeln, geben wir ihnen ein Muster für spätere Konflikte an die Hand. Wir sollten aber auch darauf achten, dass wir unsere Mutter-Vater- oder Ehekonflikte genauso friedlich und konstruktiv bearbeiten, denn die Kinder bekommen fast alles mit. Für die Kindererziehung ist es immer ausgesprochen hilfreich, wenn Eltern im Umgang miteinander die gleichen Prinzipien verfolgen wie im Umgang mit ihren Kindern. Da es kein Leben ohne gelegentlichen Streit gibt, sollte die Streitschlichtung früh geübt werden – von Anfang an.

Umgang mit Regeln

In jeder Familie, selbst in der chaotischsten, gibt es Regeln: Morgens und abends Zähneputzen, Hände waschen vor dem Essen oder leise sein, wenn Papa schläft – derlei Grundsätze gelten fast überall. Doch Kinder halten sich nicht immer an solche Vorgaben (Erwachsene gleichfalls, aber das ist ein Thema, das nicht in dieses Buch gehört). Meine Erfahrung aus zahlreichen Elternvorträgen ist, dass fast alle Erwachsenen Regeln benennen können, die in ihrer Familie gelten sollen, aber vom Kind nicht eingehalten werden. Doch das lässt sich trainieren.

„Wer nach Hause kommt, hängt seine Jacke an die Garderobe." Auch das ist eine Regel, die für die meisten Familien gilt und relativ häufig nicht eingehalten wird. Gerne lassen Kinder beim Betreten der Wohnung ihre Jacke einfach fallen, um sich sofort etwas anderem zuzuwenden. Wenn Eltern diese Nachlässigkeit konsequent abbauen möchten, sollten sie sich auf ein achtwöchiges Training einstellen – eingerissene Regelverletzungen brauchen viel Zeit, um nachhaltig korrigiert zu werden. Diese acht Wochen verteilen sich auf vier Phasen à zwei Wochen:

- Phase 1: Man erklärt seinem Kind ganz in Ruhe, z. B. beim Gute-Nacht-Sagen, dass man ihm helfen werde, sich an die Regel halten zu können, nach der die Jacke beim Heimkommen an die Garderobe gehängt wird. Schließlich ist es nicht fair, andere wegräumen zu lassen, was man selbst herumliegen lässt. Ab dem nächsten Tag sollte immer jemand dabei oder zu Hause sein, wenn das Kind von draußen hereinkommt. Man sagt an der Wohnungstür z. B.: „Schön, dass du da bist. Hänge bitte deine Jacke an die Garderobe." Sollte das Kind die Jacke trotzdem fallen lassen, fasst man es an und hält es, geht in die Hocke und sagt ihm freundlich, aber bestimmt in die Augen, dass es bitte die Jacke aufhängen solle. Anschließend lobt man es mit Worten oder Gesten, streicht ihm also über die Haare oder zeigt den hochgehobenen Daumen.

- Das macht man 14 Tage lang so, jedes Mal und mit aller Konsequenz, auch wenn das Kind nach drei Tagen schon poltern sollte, dass es das doch schon längst könne und tue.
- Phase 2: Ab dem Beginn der dritten Woche muss man nicht mehr an der Tür stehen, wenn das Kind heimkommt, aber sichtbar muss man sein, etwa in der Küchen- oder Wohnzimmertür, und es aus ein paar Metern Entfernung immer noch regelmäßig auffordern. Unverzichtbar ist nach wie vor, es jedes Mal zu loben, und sei es nur mit dem erhobenen Daumen aus der Distanz.
- Phase 3: Ab der fünften Woche braucht man nichts mehr zu sagen, aber man sollte immer noch sichtbar sein. Die Lob-Geste kann nach und nach durch ein Kopfnicken und Lächeln ersetzt werden.
- Phase 4: Die letzten beiden Wochen bilden die Phase des „Ausschleichens". Man ist nicht mehr jedes Mal präsent, wenn das Kind heimkommt, sondern nur noch etwa jedes zweite und ab Woche acht jedes dritte Mal.

Sollte in der letzten Phase, wenn man nicht mehr jedes Mal hinschaut, schon wieder die Jacke auf dem Fußboden liegen, muss man die Phase drei wiederholen und verlängern. Geht es also um das Trainieren einer Verhaltensweise, die einem wichtig ist, brauchen Kinder ein intensives Einüben mit Freundlichkeit und Konsequenz, ähnlich wie in der Tierdressur. Übrigens fragen mich Mütter in Vorträgen nach diesem Beispiel sehr häufig, ob die gleichen Prinzipien auch gelten würden, wenn der Ehemann seine Sachen oft fallen lässt …

Nicht wenigen Menschen ist ein solches Verhaltenstraining jedoch unsympathisch. Ich will es niemandem aufzwingen. Man kann es ja auch einfach ertragen, dass die Familienmitglieder Chaos verbreiten, das immer nur ich beseitige. Es spricht nichts dagegen, sich immer wieder in den Helikopter zu setzen, um die Nachlässigkeiten der anderen aufzufangen. Doch die Kinder von Helikopter-Eltern werden unselbstständig. Wann sollen sie Eigenverantwortung lernen, wenn nicht in der frühen Kindheit, wo das am einfachsten funktioniert?

Kinder brauchen Struktur in ihrem Leben, eine „Regel-Mäßigkeit" – Familien brauchen nicht viele Regeln, damit der Laden gut läuft. Aber die wichtigen Prinzipien müssen von Anfang an geübt werden, damit Kinder sie verinnerlichen können. Das eben geschilderte Beispiel mit dem Training zum Aufhängen der Jacke kommt ja nur dann in Betracht, wenn zuvor das Erziehen zum ordentlichen Umgehen mit der Kleidung versäumt worden ist.

Welche Regeln im Familienleben Ihnen wichtig sind, kann ich nicht wissen. Es wird in den vielen Millionen Familien im Land große Unterschiede diesbezüglich geben. Ich kann Ihnen auch nicht sagen, welche Regeln unbedingt sein müssen und unverzichtbar sind. Aber ich weiß sicher, dass das Zusammenleben von vielen Menschen in Häusern, Straßen und Ortschaften, das gemeinsame Arbeiten in Büros und Fabriken sowie das gemeinsame Lernen in hunderttausenden Schulklassen davon abhängen, wie das jeweilige soziale Klima beschaffen ist. Ein positives soziales Familienklima fördert die Lernleistungen von Schulkindern, das ist unumstritten. Genauso unumstritten ist, dass es Regeln für den Umgang miteinander voraussetzt.

6 Der Traum vom Leben im Schlaraffenland

oder: Anstrengungsbereitschaft und Tüchtigkeit

„Der Erbprinz von Schlaraffenland,
– 's ist zum Haarausraufen! –
er starb! – Wodurch den Tod er fand?
Er war zu faul zum Schnaufen!"

(Felix Dahn, 1834–1912)

Paradiesische Vorstellungen von einem Leben im Überfluss ohne Anstrengung und Not gab es bereits in der klassischen Antike, etwa seit dem fünften Jahrhundert v. Chr. Vor wenig mehr als 500 Jahren kam in unseren Breiten das faszinierende Motiv des Schlaraffenlandes auf. Damals lebten rund 95 Prozent der Menschen vom Ackerbau. Immer wieder gab es Hungersnöte. Ein Land, in dem Milch und Honig fließen und einem gebratene Tauben in den Mund fliegen, war die Sehnsucht all derer, die oft genug zu wenig zum Essen hatten. Auch Hänsel und Gretel, unsere bekannten Märchenfiguren, wurden aus Hunger und Not im Wald ausgesetzt und fanden dort das Hexenhaus aus köstlichem Lebkuchen. Solche Träume sind also einstmals aus der Not erwachsen.

Doch auch heute träumen die Menschen von einem Leben ohne Arbeit, zumindest ohne Anstrengung. Automatische Staubsauger und Heimroboter, die auf Zuruf tun, was man getan haben möchte, sind bereits Realität. Computerprogramme, die nach Diktat schreiben, haben schon die Diskussion angestoßen, ob Kinder überhaupt noch das Schreiben lernen müssen. Doch nach wie vor gilt der Grundsatz: „Selbst tun macht tüchtig, selbst denken macht schlau!" Erfolg gilt immer noch als das Ergebnis von Fleiß, allen Stars der social-media-Welt zum Trotz.

Aktuelle Gesundheitsprobleme von Kindern

Heutige Kinder haben jedoch bereits darunter zu leiden, dass es uns – zumindest in Mitteleuropa – besser geht, als wir vertragen:

- Nach KiGGS, der Studie zur Gesundheit von Kindern und Jugendlichen in Deutschland, die als Langzeitstudie vom Robert-Koch-Institut durchgeführt wird, weisen aktuell neun Prozent der 3- bis 6-Jährigen Übergewicht auf und 2,9 Prozent Adipositas. Im Laufe der Grundschuljahre verdoppeln sich diese Werte ungefähr auf 15 bzw. 6,4 Prozent (Quelle: Arbeitsgemeinschaft Adipositas im Kindes- und Jugendalter). Das hat neben den rein körperlichen Auswirkungen eine Menge negativer Folgen: Betroffene Kinder sind weniger ausdauernd und geschickt als ihre Kameraden und haben eine Menge Hänseleien auszuhalten.
- Auf den Internetseiten der Bundeszentrale für gesundheitliche Aufklärung (www.bzga-kinderuebergewicht.de) werden Eltern Tipps gegeben, wie sie ihrem Kind helfen können, das Gewicht zu halten. Unter www.familienaufstand.de (die Website wird von der „AG Prävention und Gesundheitsförderung“ der Fakultät für Gesundheitswissenschaften an der Universität Bielefeld verantwortet) kann man zudem kostenfrei ein Spiel für die ganze Familie herunterladen, das Spaß macht und zur Bewegung für alle anregt.
- Bereits 2005 berichtete das Ärzteblatt von 17 Prozent Grundschulkindern mit überhöhten Cholesterinwerten. Die Hauptursache dafür sind Lebensstil und Ernährung. Mehr Bewegung und gesunde Kost mit möglichst frisch zubereiteten Mahlzeiten, viel Rohkost und Obst sowie wenig Fett können da rasch helfen. Brat- und Alufolie, der

Schnellkochtopf, beschichtete Pfannen oder der Römertopf sind bewährte Möglichkeiten, gesund zu kochen.

- Ein regelmäßiger Trimm-Trab mit Mama oder Papa, schwimmen gehen oder Vereinssport ab fünf Jahren sind einfache Bewegungsmöglichkeiten, die durch Regelmäßigkeit positiv wirken und dazu beitragen, die Cholesterinwerte zu senken. Eine über zwei Jahre hinweg betriebene Studie in Kindergärten zeigte deutlich, dass dreimal 45 Minuten Sport pro Woche Verbesserungen bei Blutdruck- und Cholesterinwerten bringen und damit schon vor Schuleintritt die Gesundheitsbasis stärken (www.aerzteblatt.de/archiv/46457/Verbesserung-der-Motorik-und-des-kardiovaskulaeren-Risikos-durch-Sport-im-fruehen-Kindesalter).
- Bewegung im Alltag ist auch deswegen sehr bedeutsam, weil nach Angaben des Bundesverbandes der Kinder- und Jugendärzte bereits vier Prozent der Vorschulkinder von Bluthochdruck betroffen sind; bei Schülern sind es sogar zehn Prozent. Fachärzte für Kinderkardiologie empfehlen Eltern deswegen, ihrem Kind ab dem vierten Lebensjahr regelmäßig den Blutdruck zu messen. Diese Empfehlung gilt besonders für Kinder mit Übergewicht und Kinder von Eltern, die selbst unter Bluthochdruck leiden. Bei sechsjährigen Mädchen sind 108 : 69, bei gleichaltrigen Jungen 107 : 68 die oberen Grenzwerte, wobei die Werte bei kleineren oder größeren Kindern entsprechend abweichen können.
- Das beste Mittel gegen Bluthochdruck ist intensive Bewegung, mindestens 60 Minuten am Tag. Aber nur ein Viertel der Kinder zwischen drei und siebzehn Jahren bewegt sich heute noch so viel, während drei Viertel von ihnen eine ungesund schlechte Bewegungsbilanz aufweisen. Diese „Bewegungsmuffel“ entwickeln laut der EU-Studie IDEFICS innerhalb von zwei Jahren zu 53 % einen erhöhten Blutdruck.

- Bei Kindern mit ADHS (Aufmerksamkeits-Defizit-Hyperaktivitäts-Störung), die ein Medikament dagegen einnehmen, hat sich in 80 Prozent der Fälle Bluthochdruck als Nebenwirkung eingestellt – eine relativ neue Erkenntnis. Da dieses „Zappelphilipp-Syndrom" jedoch im Vorschulalter normalerweise noch nicht medikamentös behandelt wird, gilt das Hauptaugenmerk bei Schulanfängern vor allem ihrem Übergewicht, der Ernährung sowie der Bewegungsbilanz.
- In den letzten Jahren sind sie aus dem Boden geschossen: Rückenschulen für Kinder im Vor- und Grundschulalter. Die Ursache dafür ist einfach: Kinder sitzen zu viel. Ab dem Schuleintritt sind es acht bis zehn Stunden pro Tag! Laut dem Landesverband NRW des Deutschen Kinderschutzbundes werden zwischen 30 und 60 % aller Kinder mit Haltungsschäden oder –schwächen eingeschult. Die Wirbelsäule kann seitlich gekrümmt sein (Skoliose), nach hinten als Rundrücken oder nach vorne als Hohlkreuz.
- Wichtig für den Aufbau einer gesunden Körperhaltung von klein auf ist es,

  ☞ dass Eltern ihr Kleinkind nicht drängen, möglichst früh zu stehen oder zu laufen, sondern warten, bis es das von alleine tut;

- ☞ dass Säuglinge auf dem Boden spielen und ausgiebig krabbeln können, auch wenn sie dabei Schmutz aufnehmen sollten (stärkt die kindlichen Abwehrkräfte);
- ☞ Kinder schon früh auf den Spielplatz zu lassen, denn Klettergerüste trainieren körperliche Fähigkeiten und das Umgehen mit Angst;
- ☞ den Kleinen beim Sitzen auf dem Fußboden den Schneidersitz mit möglichst gerader Körperhaltung beizubringen;
- ☞ Kinder frühestens mit fünf Jahren regelmäßig Sport treiben zu lassen, und das auch nur, wenn es dem Kind wirklich Freude macht.

- Viel Sitzen und wenig Bewegung sind auch die Hauptursache für Rückenschmerzen, die bereits im Grundschulalter etwa 15 Prozent der Kinder plagen. Im Schulalter sitzen Kinder sehr viel im Unterricht und bei den Hausaufgaben. Wenn dann noch Stunden vor dem Fernseher, am PC oder mit dem Smartphone hinzukommen, wird der allgemeine Bewegungsmangel gesundheitlich belastend.
- Wenn ein Kind ungeschickt mit den Händen ist oder sich auffällig unsicher bewegt, können motorische Entwicklungsstörungen eine Rolle spielen. Auf www.kindergesundheit-info.de, einer Internetpräsenz der Bundeszentrale für gesundheitliche Aufklärung, wird Eltern geraten, sich mit dieser Problematik an den Kinderarzt zu wenden. Bei der U8 (Ende des vierten Lebensjahres) oder U9 (Anfang des sechsten Lebensjahres) wird dieser Sachverhalt spätestens ohnehin auffallen. Natürlich sollten sie vorher mit der Erzieherin in der Kita Rücksprache halten, denn die verfügt über einen realistischen Vergleich mit der Gleichaltrigengruppe.

- Aber längst nicht immer muss eine Krankheit oder Entwicklungsauffälligkeit hinter derartigen Problemen stecken. Oft ist es tatsächlich nur Bewegungsmangel. Kinder sollten so viel wie nur möglich draußen spielen und einen großen Bewegungsradius entwickeln. Oft sind Eltern zu ängstlich, ihr Kind auf einem Mäuerchen balancieren oder auf einen Baum klettern zu lassen. Doch genau das sind die Aktivitäten, die Kinder instinktiv lieben, denn damit trainieren sie Geschicklichkeit, Grobmotorik und Selbstwertgefühl. Ein gemeinsames Angebot vieler Sportvereine ist das Eltern-Kind-Turnen. Damit können Bewegungsabläufe beim Kriechen, Laufen, Balancieren, Springen, Klettern, Werfen und Fangen spielerisch geübt werden. Gleichzeitig lernen Eltern dabei vieles, was auch zu Hause oder auf dem Spielplatz weiter praktiziert werden kann.
- „Seien wir ehrlich – Leben ist immer lebensgefährlich", hieß es bei Erich Kästner. Deswegen versuchen wir stets, unsere Kinder vor Unfällen zu schützen. Dennoch gibt es erschreckende Zahlen: Nach der Bundesarbeitsgemeinschaft „Mehr Sicherheit für Kinder" mussten im Jahr 2015 rund 1.700.000 Kinder aller Altersgruppen nach einem Unfall ärztlich behandelt werden. Rund zwei Prozent der Vorschulkinder erlitten eine Verletzung, die zur stationären Aufnahme in einer Klinik führte – zwei von hundert! Bei Unfällen im häuslichen Bereich, also in Wohnung, Hof und Garten, kam es vor allem zu Stürzen in der Ebene oder aus der Höhe, zu einem Zusammenprall mit anderen, zu Verletzungen mit spitzen Gegenständen sowie zu Einklemmen oder Quetschungen.
- Eine weitere und meist unterschätzte Ursache für Verletzungen sind Haustiere, was häufiger zu einer stationären Behandlung führt als andere Unfälle. Mädchen reiten gerne, aber auch dabei oder beim Pflegen der Pferde gesche-

hen Unfälle. Hunde gefährden vor allem kleine Kinder sehr durch Bisse, die meist zu längeren Krankenhausaufenthalten und oftmals lebenslang sichtbaren Narben und Traumatisierungen führen. Bei jedem vierten Hundebiss passiert zudem eine Wundinfektion durch Keime. Katzenbisse sind eher selten, aber wenn, dann in der Hälfte der Fälle mit Wundinfektion. Viel häufiger sind Insektenbisse oder -stiche.

Was Eltern auf jeden Fall tun können, um ihre Kinder zu schützen, ist die Einhaltung der Sicherheitsvorschriften bei Autofahrten. Rund ein Drittel aller Kinder ist nicht korrekt angegurtet bzw. durch Kindersitz gesichert. Bis zwölf Jahren bzw. bis zu einer Körpergröße von 1,50 m gilt die gesetzliche Kindersitzpflicht. Wie viele Kinder sehe ich täglich ohne Kindersicherung auf dem Beifahrersitz herumrutschen! Für Vorschulkinder ab 15 kg Körpergewicht sind zumindest Sitzerhöher plus Dreipunktgurt vorgeschrieben. Sicherer sind jedoch in diesem Alter Kindersitze mit Rückenlehne und vorstehenden Seitenteilen, die verhindern, dass der Kopf beim Schlafen zur Seite kippt. Was passieren kann, wenn ein Kind nicht angeschnallt wird, zeigte die Nacht zu Heiligabend 2017. Da erlitt ein Auto auf der A4 bei Köln einen Reifenplatzer, schleuderte in die Böschung und überschlug sich mehrmals. Alle Insassen überlebten, teils sogar nur leicht verletzt, aber der sechsjährige Sohn der Fahrerin wurde aus dem Auto geschleudert und starb, weil er auf dem Rücksitz auf den Knien seiner Großeltern gelegen hatte.

Kinder brauchen zur Verhütung von Unfällen ein eigenes Sicherheitsbewusstsein, das sich sowohl durch Risiken als auch durch Regeln entwickelt. Dazu benötigen sie eigene Erfahrungen (vgl. auch den Abschnitt „Helikopter-Eltern“ am Ende des folgenden Kapitels). Sie müssen sich und die Welt ausprobieren, aber sie müssen auch auf Gefahren hingewiesen werden und sie erklärt bekommen. Wenn Eltern ihre Kinder behütet testen lassen, wie eine spitze Nadel stechen oder ein heißer Backofen Verbrennungen verursachen kann, lernen unsere Kleinen, vielen Gefahren entsprechend vorsichtig zu begegnen.

- Von einer Schlafstörung spricht man erst, wenn ein Kind über einen ganzen Monat hinweg mindestens dreimal pro Woche nicht einschläft oder zwischendurch aufwacht. 18 Prozent aller Kinder im Einschulungsalter haben Ein- und/ oder Durchschlafstörungen. Jedes siebte leidet an Alpträumen, drei Prozent schlafwandeln und vier Prozent sind vom „Nachtschreck" (Pavor nocturnus) betroffen. Das hat 2010 eine große Studie der Kinder- und Jugendpsychiatrie Köln in Zusammenarbeit mit der Kinderklinik Köln–Porz gezeigt. Was sind die wesentlichen Faktoren dafür?
- Zum einen spielen äußere Ursachen wie Lärm oder Lichteffekte eine Rolle. Daneben bilden familiärer Stress sowie Fernseh- oder PC-Konsum unmittelbar vor dem Einschlafen die Hauptgründe. Ein Fernseher im eigenen Kinderzimmer ist ein starkes Risiko für Schlafstörungen. Allerdings kann man diesem Problem relativ gut vorbeugen, wenn man die Grundsätze der „Schlafhygiene" kennt:

1. ***Schlafumgebung:*** *Das Kind sollte sich im Bett sicher und geborgen fühlen und nicht von Lärm- und Lichtquellen beeinträchtigt sein. Die Raumtemperatur sollte zwischen 16 und 19 Grad Celsius liegen. Das Bett muss als bequem empfunden werden und sollte ausschließlich zum Schlafen dienen. Wenn es tagsüber auch zum Spielen oder gar als Strafplatz (ähnlich wie die* „stille Treppe") *verwendet wird, kann das Kind es nicht als „sichere Schlafhöhle" empfinden. Handy, Spielekonsole, Fernseher und später auch Schulsachen haben direkt am Bett nichts zu suchen.*

2. ***Einschlafritual:*** *Es hilft Kindern ungemein, wenn jeder Abend gleich abläuft. Zunächst werden die Zähne geputzt, der Schlafanzug angezogen und eine gute Nacht gewünscht. Dann geht's ab ins Bett zum Einschlafritual, beispielsweise eine Geschichte vorlesen, einander fest drücken und sich vielleicht mit einem Liedchen verabschieden. Die Rituale verschiedener Kinder können natürlich sehr unterschiedlich aussehen, aber entscheidend ist der allabendlich möglichst gleiche Ablauf.*

3. ***Ruhe:*** *Mindestens eine, besser zwei Stunden vor dem Zubettgehen sollte man kein Bildschirmmedium mehr zulassen und auch nicht mehr toben. Bei lebhaften Kindern helfen Entspannungsübungen oder eine Fantasiereise, um ruhiger zu werden. Auspowern sollten sich Kinder tagsüber, nicht am Abend. Außerdem empfiehlt es sich, vor dem Schlafen nichts mehr zu essen und zu trinken, denn Verdauungsprozesse und eine drückende Blase stören das Zur-Ruhe-Kommen enorm, genau wie Cola oder Energy Drinks.*

Wie wichtig eine gute Schlafhygiene ist, hat die oben erwähnte Kölner Studie mit Schulanfängern gezeigt. Diejenigen, die zu unterschiedlichen Zeiten ins Bett gingen, wiesen doppelt so häufig Schlafstörungen auf wie jene mit regelmäßigen Bettzeiten.

Die Konzentrationsfähigkeit ist für das schulische Lernen besonders wichtig. Wenn Schulanfänger sich 15 Minuten lang auf eine Sache einlassen können, die ihnen nicht allzu viel Spaß macht, ist das ein guter Durchschnittswert. Doch immer mehr Kinder bringen auch diese Zeit nicht auf. Bei Fortbildungen habe ich immer wieder Grundschullehrerinnen danach gefragt, wie groß der Anteil von Kindern mit Konzentrationsproblemen in ihren Klassen wohl sei. Die Antworten schwankten zwischen 20 und bis zu 80 (!) Prozent (vgl. S. 41). Die höchsten Werte wurden stets in sozialen Brennpunkten genannt, wo regelmäßiger und genügender Schlaf, viel Bewegung und gesunde Ernährung eher selten sind.

Die Ursachen für dieses Phänomen sind sehr unterschiedlich und weit gestreut:

- Äußere Lebensumstände wie ein Umzug, Trennung der Eltern, ein neuer Partner der Mutter/eine neue Partnerin des Vaters, Scheidung, Todesfälle oder gar eine Traumatisierung des Kindes durch Missbrauch belasten unsere Kleinen stark.
- Erziehungsfehler wie Hektik, Zwang schon bei der Sauberkeitserziehung, unnötige Störungen beim Spielen oder ein zu eng getakteter Terminkalender lassen Kinder weder zur Ruhe kommen noch eigene Wege zur Organisation ihres Alltags finden.
- Physiologische Belastungen durch einseitige Ernährung mit zu viel Zucker und Fast Food sowie zu wenig Vitaminen und Ballaststoffen, aber auch zu wenig oder unregelmäßiger Schlaf verhindern, dass Kinder eine gute Konzentrationsleistung entwickeln können.
- Bewegungsarmut mit zu langen Sitzzeiten sowie Hektik im Alltag sind gleichfalls dafür schädlich.
- Umweltbelastungen von Luft und Nahrung sowie Reizüberflutung für Hör- und Sehsinn (elektronische Spiele, TV, Computer) beeinträchtigen die Leistung unserer Sinneswahrnehmung.
- Und schließlich sind noch Überforderung durch zu hohe Leistungserwartungen sowie Angst deswegen oder wegen Strafandrohung zu nennen. Übrigens können auch Belohnungsversprechen ängstigen, weil sie den Erfolgsdruck erhöhen.

An dieser Auflistung von Ursachen für Konzentrationsprobleme können Sie erkennen, dass Eltern tatsächlich sehr viele Möglichkeiten haben, ihrem Kind zu helfen. Konzentration ist lernbar, aber eben nicht allein in Kindergarten und Schule, sondern unbedingt auch zu Hause im Familienalltag. So stressig das Leben in unserer heutigen Zeit und in dieser Gesellschaft geworden ist, so wichtig ist ein Gegengewicht dazu.

Die Bedeutung eines realistischen Selbstbilds

Im Grunde bringt jedes Menschenkind alle Voraussetzungen mit ins Leben, um gut und erfolgreich lernen zu können. Wenn die Schwangerschaft normal verlaufen ist und das Kind gesund geboren wurde, sind alle Voraussetzungen gegeben, um später erfolgreich die Schule absolvieren zu können. Bereits im Mutterleib entwickelt sich die Fähigkeit zur Sinneswahrnehmung. Der Hörsinn beispielsweise ist bereits ab etwa sechs Wochen vor der Geburt komplett ausgereift. Das Sehen und das Riechen können sich natürlich erst entwickeln, wenn das Kind geboren und mit Tageslicht und Gerüchen konfrontiert ist. Auch die Nahsinne (tasten, schmecken) brauchen die anregenden Reize der Umwelt, um fertig ausreifen zu können, doch die Ansätze dafür sind bereits vorgeburtlich entwickelt.

Die Wahrnehmung der Welt um uns herum kann sich also erst nach der Geburt vollständig entfalten. Über die entsprechende Ausreifung der Sinneswahrnehmung entwickelt sich nach und nach die Denkfähigkeit. Bis Kinder in die Schule kommen, sind sie schon fähig, die Welt um sich herum immer weiter zu entdecken und zu erforschen. Sie denken darüber nach, was sie alles sehen, hören und erleben; sie fragen uns unendlich viel und sie gehen zunehmend kreativ mit allem um, was sie beobachten. Wenn wir uns die geistigen Fähigkeiten des Menschen als Obstbaumkrone vorstellen, dann verfügt ein Schulanfänger bereits über etliche Äste und Zweige, an denen jede Menge Früchte gedeihen: Kraft, Geschicklichkeit, Feinmotorik, Rhythmusgefühl, Sprache verstehen und sprechen, Konzentration und noch viel mehr. In den ersten sechs Lebensjahren lernt ein Mensch so viel, wie er nie wieder in sechs Jahren zu lernen imstande sein wird. Durch den Schulunterricht sowie durch Hobbys entwickeln sich nach und nach immer mehr Früchte: Lesen, Schreiben, Rechnen, Sachwissen, Fremdsprachen, Musizieren, Fußball, Schach, …

Doch richtig gedeihen und viele Früchte tragen kann ein solcher Lernbaum nur, wenn er in einem milden Klima mit reichlich Sonnenschein heranwächst. Die positive Entwicklung von Kindern hängt stark von ihrem Elternhaus ab: Wie gut ist das innerfamiliäre Klima und die Beziehung zwischen Eltern und Kind? Können die Eltern es akzeptieren, so wie es ist? Nehmen sie nicht nur seine Stärken, sondern auch seine Schwächen an? Wenn ein Kind spürt, dass es beispielsweise den Papa enttäuscht, weil es kein geschickter Fußballer ist, oder die Mutter wegen seiner fehlenden Lust am Malen, wirkt sich das auf sein Selbstwertgefühl aus. „Ich bin nicht gut in …“ – trägt ein Kind solch ein Selbsturteil vor sich her, prägt das sein Selbstbild negativ. Die Folge davon ist ein geringes Selbstvertrauen.

In Beratungsgesprächen komme ich gelegentlich an den Punkt, wo ich Eltern frage, welche positiven und welche negativen Fähigkeiten ihres Kindes ihnen spontan einfallen. Die meisten können dann weit mehr nachteilige als vorteilhafte Begriffe auflisten. Natürlich ist das nicht repräsentativ für alle Eltern, denn in meine Beratung kommt ja nur, wessen Kind ein Lernproblem hat. Aber dass solche Eltern mehr Negatives als Positives an ihm wahrnehmen, ist ein Zeichen für ihren Einfluss auf das Kind: Weil sie Eigenschaften an ihm ablehnen, fühlt es sich nicht voll und ganz geliebt und kann sich deshalb selbst nicht lieben. Sein Selbstwertgefühl, sein Selbstvertrauen werden beeinträchtigt.

Neben den Kindern mit einem unrealistisch niedrigen Selbstwertgefühl gibt es auch jene mit einem völlig überhöhten Selbstbild. Sie schätzen sich und ihre Rolle in der Welt ähnlich wie eine Katze ein, die sich beim Blick in den Spiegel für einen starken, prächtigen Löwen hält. Eine derartige Selbstüberschätzung hat ihre Ursache zumeist in der unrealistischen Sicht eines Elternteils. Wer sein Kind völlig überschätzt, permanent in den Himmel lobt und seine Grenzen nicht erkennt, verhindert, dass es ein realistisches Bild von sich und seinem Leistungsvermögen entwickelt. Wenn seine Leistungen in der Schule dann mit den Anforderungen verglichen werden, die für alle gelten, führt das schnell zum Aufgeben.

Der kindliche Lernbaum kann aber auch richtig gut gedeihen. Das oben erwähnte „milde Familienklima" ist dafür entscheidend. Bekommt ein Kind positive Rückmeldungen für positives Verhalten, wird dieses angemessen verstärkt. Verhält es sich negativ, braucht es Korrekturen, um ein realistisches Selbstbild entwickeln zu können. Kinder brauchen Liebe, um sich gut zu entfalten. Benehmen sie sich kritikwürdig, brauchen sie liebevolle, aber realistische, klare, deutliche Reaktionen und Anregungen dafür, wie es besser wäre.

> *Tim hat seinem Sandkastenfreund Felix einen Eimer Sand über den Kopf gekippt. Nun gut – Kinder schlagen sich und Kinder vertragen sich, aber das war natürlich nicht in Ordnung. Deswegen erklärt Tims Mama ihrem Jungen, dass man so etwas nicht tun darf. Der Sand kann in die Augen geraten und dort sehr schmerzhaft wirken. Zumindest aber muss Felix extra du-*

schen und die Haare waschen, während seine Mama zusätzliche Wascharbeit hat. Tim soll sich überlegen, womit er Felix eine Freude zur Wiedergutmachung bereiten kann und was er ihm morgen im Kindergarten sagen will, um sich zu entschuldigen. Als Tim im Bett liegt, ruft seine Mutter bei Felix' Mama an und bittet telefonisch um Verzeihung. Sie fragt, wie es ihm geht und erzählt, dass ihr Junge sich morgen im Kindergarten bei Felix entschuldigen und ihm ein Spielzeugauto als Wiedergutmachung übergeben wird. Schließlich bietet sie noch an, die verschmutzte Kleidung in Ordnung zu bringen, doch die ist bereits in der Waschmaschine. Also geht sie mit ihrem Jungen am nächsten Tag nach dem Kindergarten im Supermarkt vorbei und kauft mit Geld aus Tims Spardose eine Schachtel Pralinen, die sie zusammen bei Felix' Mutter abgeben. Erfreut lädt diese sie zu einer Tasse Kaffee/Kakao ein. Während die beiden Mütter entspannt ins Plaudern geraten, spielen Tim und Felix schon wieder gemeinsam.

Dieses Beispiel zeigt, wie man Kindern beibringt, Fehler wieder gutzumachen. Es erfordert selbstbewusste Eltern, die sich trauen, zum Fehler ihres Kindes zu stehen und ihn mit ihm gemeinsam zu korrigieren. Kinder müssen die Erfahrung machen, dass jedes Verhalten Folgen zeitigt, damit sie frühzeitig lernen, möglichst vorher zu überlegen. So können sie nach und nach Verantwortungsbewusstsein entwickeln und verstehen lernen, dass niemand perfekt ist, auch man selbst nicht. Ein derart realistisches Selbstbild ist die beste Voraussetzung für eine realistische Selbsteinschätzung.

Auf dieser Basis kann Leistungsmotivation wachsen.

„Motivation“ stammt von dem lateinischen Wort für „Beweggrund“ oder „Antrieb“. Leistungsmotivation ist also das Resultat von Gründen, etwas bewegen zu wollen; ein Maß für Anstrengungsbereitschaft. Sie wird im Wesentlichen in der frühesten Kindheit gelernt, vor allem in der Familie. Die wichtigsten Bezugspersonen, normalerweise Mama und Papa, prägen sie durch ihr Vorbild und tragen so entscheidend dazu bei, ob ihr Kind sich in der Schule anstrengen wird oder nicht.

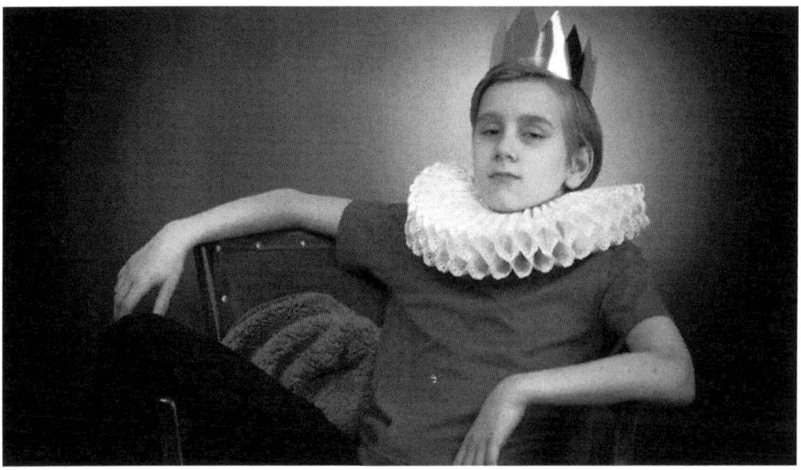

Wenn Mama und Papa über ein realistisches Selbstbild verfügen, ist die Chance besonders groß, dass auch ihr Kind ein solches entwickelt. Aber gerade heutzutage gibt es eine ganze Menge junger Eltern, die deutlich zeigen, dass ihr Wunschdenken mehr Bedeutung hat als die Wirklichkeit:

- Was soll man von einem Schwangerschafts-Bauchband mit dem Aufdruck „Genie im Wachstum“ halten, wie es von mancher Internet-Handelsfirma angepriesen wird? Natürlich gibt es auch Strampler und Babylätzchen mit diesem Motiv.
- Was soll ein Strampler mit dem Aufdruck „Abitur 2037“ oder ein Kinder-T-Shirt mit entsprechendem Motiv?
- Manche liebenden Ehemänner schenken Ihrer Frau auf die Nachricht von der Schwangerschaft hin einen Kaffeepott mit dem Motiv „Schulkind 2025“.
- In den letzten Jahren ist bei uns ein neuer Brauch entstanden: die Babyshower-Geschenkeparty nach amerikanischem Vorbild. Da kann man nur hoffen, dass das Kind gesund zur Welt kommt …

Es ist die Eigenart des Wunschdenkens, dass es nicht von der Realität ausgeht, sondern von Vorstellungen, deren Verwirklichung man sich wünscht. Doch die Gefahr ist riesig, dass das reale Leben viele unserer Wünsche nicht erfüllt. Am wenigsten sind da jene Eltern gefährdet, deren Wunschdenken an der Realität orientiert ist. Sie sind glücklich, wenn das Kind gesund auf die Welt kommt, sich halbwegs normal entwickelt (die Spannweite ist groß!), seine Kinderkrankheiten gut übersteht und in der Kita Freundinnen und Freunde findet. Großartige Geburtstagspartys mit einer Überraschungsfee, einem Zauberkünstler oder einem Besuch im Indoor-Spielpark sind nicht nur nicht erforderlich, sondern können auch schädliche Folgewirkungen haben, weil ein Anspruch ans Leben geprägt wird, der nicht immer realistisch ist. Kinder dürfen, nein, *müssen* Wünsche haben, die nicht immer – oder zumindest nicht immer sofort – erfüllt werden. Leistungsmotivation kann sich nicht ohne Wünsche entwickeln, deren Realisierung auf sich warten lässt oder auch mal nicht klappt. „Wer immer strebend sich bemüht, den können wir erlösen“, heißt es in Goethes „Faust“. Kinder, die alles anstandslos bekommen, was sie nur wollen, müssen nicht „strebend sich bemühen“ und können nicht erlöst werden, sprich: können keine Anstrengungsbereitschaft entwickeln, die doch die Grundlage von Motivation ist.

Kinder müssen schon im Vorschulalter lernen, dass es Wünsche gibt, deren Erfüllung Zeit kostet:

- Du möchtest einen Lederfußball haben? Was kostet der denn? Wie viel Geld ist in deiner Spardose? Da fehlen ja noch fünf Euro. Du bekommst jeden Sonntag einen Euro Taschengeld. Wenn du die sparst, kannst du dir den Fußball in fünf Wochen kaufen.
- Du willst auf das Klettergerüst klettern, aber du schaffst es noch nicht? Dann ist das noch zu schwierig für dich. Du musst noch ein bisschen wachsen und stärker werden. Wir können es ja immer wieder versuchen, und irgendwann wirst du es schaffen.

Eltern von Kindern im Vorschulalter müssen lernen, dass es Wünsche gibt, deren Realisierung Anstrengung und Sorgfalt erfordern, die ihr Kind vielleicht noch nicht aufzubringen vermag:

> *Als der fünfjährige Luca einen LEGO-Systembaukasten geschenkt bekommt, der ab sechs Jahren aufwärts empfohlen ist, hilft ihm sein Vater beim Zusammenbauen des darin enthaltenen Batman. Doch bald schon fehlen kleine Einzelteile und Luca spielt in der Folge kaum noch damit.*
> *Bei nächster Gelegenheit bekommt Luca einen Pizzawagen von LEGO. Den kann er selbst zusammenbauen und er spielt viel damit. Noch nach Jahren hat er Spaß daran.*

Was für die Entwicklung von Leistungsmotivation besonders wichtig ist, ist die Bereitschaft, sich Mühe zu geben und sich anzustrengen. Das erfordert die Präzisierung von Erwartungen:

- Leonie malt ein Bild, weil ihre Mama gesagt hat, sie würde sich sehr über eines freuen. Aber so richtige Lust dazu hat sie nicht und auch keine besondere Idee. So kleckst sie ein Häuschen aufs Papier mit Sonne und ein paar Blumen – eine besondere Freude löst sie bei Mama damit nicht aus.
- Als sie ihre Oma besucht, schlägt die auch vor, sie möge ihr ein Bild malen. „Och, eigentlich habe ich keine Lust dazu", wehrt Leonie ab. Aber die Oma sagt: „Ach, wie schade! Ich hatte mich so darauf gefreut, dass du mir aufmalst, wie du im Garten bei eurem Gartenhaus spielst und wie da die Blumen blühen und die Äpfel an den Bäumen wachsen." Da setzt sich das Mädchen doch hin und fängt an zu malen. Und immer, wenn ihre Oma schaut und nach Einzelheiten im Garten fragt, malt Leonie noch genauer und detaillierter. Das Bild hängt lange in Omas Flur.

Schulfähigkeit fördern

Erzieherinnen in Kitas erzählen mir immer wieder, dass Eltern von ihnen verlangten, sie sollten die Kinder gezielt auf die Schule vorbereiten. Damit meinen Eltern vor allem das Durcharbeiten von schulvorbereitenden Arbeitsheften und den Einstieg ins Lesen, Schreiben und Rechnen. Die Ansicht ist weit verbreitet, dass schulische Inhalte im Vorschulalter den Kindern einen besseren Start in der Schule bescheren würden. Doch zum einen stimmt das nicht, denn wenn die Kitas so arbeiten würden, hätten ja alle Kinder die gleiche Vorbereitung erhalten und kein Kind würde mit einem „Startvorteil'" eingeschult. Zum anderen aber praktizieren alle Kindergärten längst vorschulische Förderung, weil es in allen Bundesländern „Bildungspläne" dafür gibt. So wie die Schule und ihre Bildungspläne Ländersache sind, gilt das auch für Kitas. Ob „Orientierungsplan für Bildung und Erziehung in baden-württembergischen Kindergärten", „Berliner Bildungsprogramm für Kitas" oder „Bildungsgrundsätze für Kinder von 0 bis 10 Jahren in Kindertagesbetreuung und Schulen im Primarbereich in Nordrhein-Westfalen" – alle Bundesländer haben ihre eigenen Richtlinien.

Wie eine Kita die für sie gültige Richtlinie praktisch umsetzt, darf sich gegenüber anderen Kitas unterscheiden, genauso wie Schulen ihre Bildungspläne in einem gewissen Rahmen interpretieren dürfen. Die meisten Kitas haben ein durchgängiges Konzept von der Krippe bis zum Übergang in die Schule. Im Vorschuljahr sieht das oftmals etwa so aus:

- Mancherorts bilden die Vorschulkinder eine eigene Gruppe; sie sind jetzt die „Großen" oder die „Wackelzähne" und bekommen mehr Verantwortung übertragen.
- Resiliente Kinder sind in der Lage, missliche Situationen gut verarbeiten zu können. Sie verfügen über gute seelische Widerstandskräfte, kommen auch mit Krisensituationen zurecht und lernen sogar daraus. Im Vorschuljahr wird die Entwicklung der Resilienz darum besonders unterstützt.
- Im mathematischen Bereich legen Kitas besonderen Wert auf die Vorläuferfähigkeiten zählen, messen, wiegen, vergleichen, sortieren, Muster erkennen, Reihen fortführen. Beim Tisch decken, Wasser ausschenken oder beim Vergleichen der Größe und des Alters von Kindern ergeben sich immer wieder mathematische Aufgaben.

- Der Schriftspracherwerb ist, genauso wie das Rechnen, ein Aufgabenfeld der Schule. Aber in der Kita werden Vorerfahrungen organisiert: Die Kinder sollen erzählen und beschreiben, dabei möglichst genau sein und in ganzen Sätzen sprechen. Die geschriebene Sprache begegnet ihnen beim Vorlesen und dem Blättern in Büchern. Manche lernen hier bereits aus eigenem Antrieb heraus, einige Wörter zu lesen.
- Projekte geben den Vorschulkindern die Gelegenheit, sich mit einem Thema über mehrere Tage oder gar ein paar Wochen hinweg zu beschäftigen, zu forschen und Wissen zu erwerben.
- Kinder philosophieren gerne und denken über alles Mögliche nach. Dafür brauchen Sie Gesprächsraum und Erwachsene, die sie ermuntern, über ihre Fragen nachzudenken, Theorien aufzustellen und vielleicht sogar zu versuchen, diese zu überprüfen.
- Bewegung sowohl im Turnraum als auch im Freien fördert die Motorik. Deren gute Ausprägung ist mit der intellektuellen Entwicklung eng verknüpft.
- Der Kontakt zur benachbarten Schule wird im Vorschuljahr hergestellt. Die Kinder können sie in den Monaten vor dem Schulbeginn besuchen, am Unterricht teilnehmen, die Lehrerinnen und die Abläufe kennenlernen. So machen sie sich die Welt der Schule vertraut und verlieren die früher weit verbreitete Angst vor der fremden Schulwelt.

Wenn es dann auf den Schulstart zugeht, sind die Kinder oft schon vertrauter mit dem neuen Umfeld als ihre Eltern.

Die Einschulungsuntersuchung

In allen Bundesländern ist es üblich, dass die zur Einschulung anstehenden Kinder zuvor schulärztlich untersucht werden. Der offizielle Begriff dafür ist das etwas sperrige Wort „Schuleingangsuntersuchung“ (vgl. S. 50 ff.). Schulärztinnen oder -ärzte sind keine Fachärzte für die Schule, sondern Ärzte, die beim jeweils zuständigen Gesundheitsamt für die öffentliche Gesundheitsfürsorge arbeiten und in diesem Zusammenhang die Aufgabe haben, die Vorschulkinder zu untersuchen. Der Sinn dieser Untersuchung liegt darin festzustellen, ob ein Kind noch besondere Förderung oder Unterstützung braucht.

Mancherorts bekommen die Eltern den Termin dieser Untersuchung per Post mitgeteilt, gelegentlich aber auch schon bei der Anmeldung in der Schule. Sie kann in der Schule stattfinden oder in der Kita oder im Gesundheitsamt – das ist zwischen den Bundesländern unterschiedlich geregelt.

In der Untersuchung checkt die Ärztin/der Arzt ab, ob ein Kind altersgerecht entwickelt und damit aus medizinischer Sicht „schulfähig“ ist. Die Untersuchung hat das Ziel, die körperliche Entwicklung der Kinder sowie ihren geistigen, seelischen und sozialen Stand einzuschätzen. Dazu gibt es das Gespräch mit dem Kind und mit den Eltern sowie kleine Tests. Die körperliche Entwicklung wird untersucht und seine Belastungsfähigkeit eingeschätzt. Gewicht, Größe, Hör- und Sehfähigkeit sowie die motorische Geschicklichkeit spielen dabei die größte Rolle. Eltern sollten das gelbe Kinderuntersuchungsheft („Vorsorgeheft“) und den Impfpass dabei haben.

Sollte ein Kind chronisch krank oder behindert sein, kann auch der Schularzt um Rat gefragt werden, welche Art von Schule am besten passt. In solchen Fällen ist jedoch das frühzeitige Erkunden der verschiedenen in Frage kommenden Schulen sinnvoll. Außerdem gibt es heutzutage ja zunehmend die Möglichkeit eines „inklusiven“ Schulbesuchs, bei dem ein Kind auch weiterhin mit seinen Spielgefährten aus der Kita zusammenbleiben und gemeinsam lernen kann. Da ist der Kontakt zu einer entsprechenden Eltern-Selbsthilfegruppe von großem Wert, denn dort kennt man die schulischen Möglichkeiten vor Ort aus der Sicht der Betroffenen am besten.

In früheren Zeiten konnten Schulärzt/-innen Kinder für ein Jahr vom Schulbesuch zurückstellen. Heute jedoch werden in fast allen Bundesländern die Kinder nur noch dann zurückgestellt, wenn es gesundheitliche Gründe gibt, die voraussichtlich durch ein Jahr Wartezeit ausgeglichen werden können. Zumeist ist die Schulleitung für die Zurückstellung zuständig, braucht jedoch dafür ein Gutachten des Schularztes. Wenn es die Möglichkeit für einen dreijährigen Besuch der Schuleingangsphase gibt wie in Schleswig-Holstein oder Nordrhein-Westfalen, ist die Zurückstellung allerdings nicht mehr so bedeutungsvoll wie in früheren Zeiten.

Nach den Zahlen des Bundesamts für Statistik wurden im Schuljahr 2016/17 rund 90 % der Kinder fristgemäß eingeschult, aber fast 8 % ein Jahr später und 3 % vorzeitig. Die zurückgestellten Kinder waren zu 62 % Jungen, während 60 % der vorzeitig Eingeschulten Mädchen waren.

Ganz wichtig ist für Eltern, dass die Schuleingangsuntersuchung nicht die U9 ersetzen kann! Zwar liegen beide Termine oftmals nahe beieinander, aber sie haben ganz unterschiedliche Aufgaben. Die U9 ist eine Früherkennungs-Untersuchung, mit deren Hilfe gesundheitliche Probleme des Kindes frühzeitig erkannt und einer Therapie zugeführt werden sollen. Die Schuleingangsuntersuchung hingegen dient lediglich der Einschätzung von Fähigkeiten, die für das schulische Lernen wichtig sind.

Wenn die schulärztliche Untersuchung grünes Licht gegeben hat, steht dem Einstieg ins Schulleben nichts mehr im Wege. Allerdings gibt es noch drei Aspekte, deren Beachtung für einen erfolgreichen Schulbesuch bedeutsam ist und die in den folgenden drei Kapiteln dargestellt werden.

7 Autoritär, antiautoritär, Laissez-faire

oder: Welcher Erziehungsstil ist der beste?

„Ich fürchte,
unsere allzu sorgfältige Erziehung
liefert uns Zwergobst."

(Georg Christoph Lichtenberg, 1742-1799)

Georg Christoph Lichtenberg war kein Pädagoge, sondern Physiker. Nebenbei verfasste er Aphorismen, für die er heute bekannter ist als für seine damals herausragenden naturwissenschaftlichen Leistungen. Das obige Zwergobst-Zitat ist typisch für den ebenso scharf denkenden wie scharfzüngig formulierenden Mann und gibt eine treffende Sicht auf das Erziehen im 18. Jahrhundert wieder. Damals nämlich begann man erstmals, die Kindheit als eigene, besondere Lebensphase zu betrachten und ging mit Kindern in manchen gesellschaftlichen Kreisen um, als seien sie Wesen von einem anderen Stern. Vorher liefen Kinder einfach mit, waren Eigentum des Hausvaters, genauso wie ihre Mutter, und wurden sehr streng und mit vielen Schlägen erzogen. In Lichtenbergs Zeit jedoch wurde Kindheit endlich als eigenständige Lebensphase begriffen, bevor weitere 100 Jahre später erst systematisch Einsichten in die Natur von Kindern, ihre Bedürfnisse und Entwicklungsphasen erhoben und gewonnen wurden. Seit Ende des 18. Jahrhunderts spricht man von Erziehungswissenschaft bzw. Pädagogik im heutigen Sinn.

Erziehungsstile im Wandel der Zeit

Eine Aufgabe der Pädagogik ist es zu erforschen, welche Art von Erziehung denn am besten wirkt. Natürlich ist das immer eine Frage der jeweiligen Zeit. Im Alten Testament kann man noch lesen: „Rute und Zucht geben Weisheit; aber ein sich selbst überlassener Knabe macht seiner Mutter Schande“ (Sprüche 29,15). Doch wenn wir nur hundert Jahre zurückblicken, wurde auch damals noch sehr häufig mit der Rute erzogen, trotz aller Fortschritte in der Erziehungswissenschaft. Sogar in den 50er und 60er Jahren des 20. Jahrhunderts galt autoritäres Erziehen noch in sehr vielen Familien als Ideal. Erst mit den Beatles und den Studentenprotesten entstand eine Gegenbewegung zum autoritären Erziehungsstil: die antiautoritäre Erziehung.

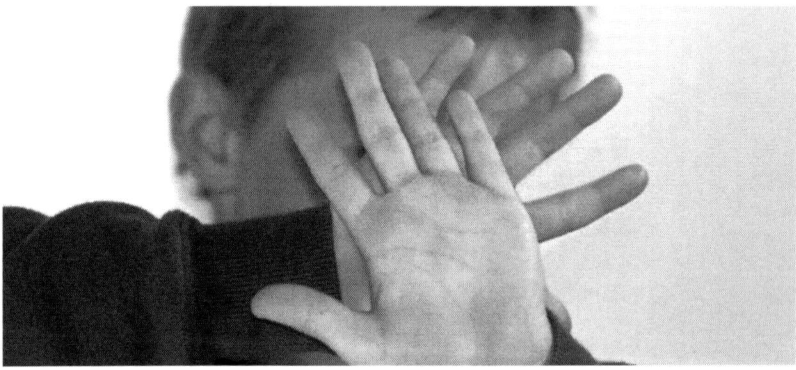

Ihre Idee entwickelte sich in Studentenkreisen aus vielerlei philosophischen und gesellschaftskritischen Quellen. Danach galten Kinder als freie Menschen, die sich entwickeln können sollten, ohne von Eltern oder Pädagogen gegängelt zu werden. Man wollte den Kindern nicht nur seelische Unabhängigkeit zugestehen, sondern sie auch von jeglichen Reinlichkeits- und

Ordnungszwängen befreien. Insbesondere ihre kindliche Sexualität sollten sie frei entfalten dürfen.

Die antiautoritäre Erziehung hat zwar viel von sich reden gemacht, aber durchsetzen konnte sie sich nicht, zumal es etliche unterschiedliche Strömungen gab. Aus einer davon entwickelte sich die Antipädagogik, die generell das Erziehen als Manipulation von Kindern ablehnte. Antipädagogen wollen Kinder bewusst nicht erziehen – aber ist das überhaupt möglich? Wenn man nicht auf sie eingeht, ignoriert man sie doch und vernachlässigt sie damit. Sobald man sich jedoch auf ein Kind einlässt, wirkt man auch auf es und erzieht es somit. Ich habe die seinerzeitige antipädagogische Literatur von Ekkehard von Braunmühl, Hubertus von Schoenebeck oder anderen in den 70er und 80er Jahren geradezu verschlungen, aber eine mich überzeugende Auflösung des inneren Widerspruchs zwischen dem Sich-Einlassen und gleichzeitigem Nicht-Erziehen habe ich nicht gefunden.

Von dieser antipädagogischen oder antiautoritären Erziehung muss man jedoch das Laissez-faire abgrenzen. Es kommt von der französischen Redensart „Laissez-faire, laissez-aller“, also „Lassen Sie machen, lassen Sie laufen“. Der Begriff wurde vom in den USA forschenden Erziehungswissenschaftler Kurt Lewin schon vor 80 Jahren geprägt und meint eine Haltung, bei der das Kind sich selbst überlassen bleibt und ungehindert tun kann, was es will. Das Kind erlebt dabei im Unterschied zum antiautoritären oder antipädagogischen Konzept ein deutliches Desinteresse der Erwachsenen an seinem Tun. Ein derart vernachlässigender Umgang mit dem Nachwuchs kommt auch heute noch vor, vor allem in Familien aus sozial benachteiligtem Umfeld.

Aktuell herrscht jedoch ein Erziehungsverständnis vor, das in unserer Gesellschaft große Zustimmung findet und mittlerweile weit verbreitet ist. Es geht zurück auf die sozialintegrative Erziehung, die das Psychologen-Ehepaar Reinhard und Anne-Marie Tausch in ihrem Buch „Erziehungspsychologie" (1963) beschrieben hat. Sie gingen davon aus, dass für gutes Erziehen zwei Gesichtspunkte bedeutsam sind: Emotionale Wärme einerseits und andererseits ein gewisses Maß an Lenkung. Dieses Konzept wurde im Laufe der Jahre weiterentwickelt und ergänzt mit einem dritten Aspekt, der anregenden Aktivität. Aus diesem Konzept entwickelte sich schließlich die „autoritative Erziehung".

Der autoritative Erziehungsstil

Autoritativ – das klingt sehr ähnlich wie autoritär, meint jedoch etwas deutlich anderes. Eltern, die ihr Kind autoritativ erziehen, zeigen ihm viel Liebe und emotionale Wärme. Sie haben und pflegen einen guten Kontakt zu ihm, reden viel mit ihm und akzeptieren es, wie es ist, aber greifen durchaus korrigierend ein, wenn es sich unangemessen verhält. Es gibt also Regeln und Führung der Eltern bei großen Freiheiten für das Kind.

Damit ist das autoritative Erziehen jedoch keine Erziehungs*methode*. Welche Erziehungsmittel Eltern einsetzen, ist nicht vorgegeben. Theoretisch könnten sie ihr Kind sowohl positiv verstärken als auch körperlich züchtigen. Allerdings ist Letzteres bei uns nicht nur unüblich, sondern seit dem Jahr 2000 laut Bürgerlichem Gesetzbuch den Eltern auch untersagt. Stattdessen loben und ermutigen Eltern in unseren Breiten ihre Kinder mehr und setzen darauf, dass sie ihnen folgen. Falls nicht, können sie deutlicher führen.

Autoritativ erziehende Eltern stellen durchaus hohe Anforderungen an die Lernleistungen ihres Kindes, sofern ihnen das wichtig ist. Sie können gleichzeitig Selbstständigkeit, Einfühlungsvermögen oder andere charakterliche Eigenschaften fordern und fördern. Ob sie ihr Kind religiös oder anderweitig weltanschaulich prägen wollen, steht ihnen ebenfalls frei. Insofern ist dieses Konzept sehr offen und passt gut in unsere heutige Zeit, in der jeder seine eigene Lebensphilosophie entwickeln kann. Das Ergebnis des autoritativen Erziehungskonzepts sind im Allgemeinen Kinder, die besonders zufrieden sind und ein gutes Sozialverhalten entwickeln, deswegen allgemein akzeptiert werden und gleichzeitig in der Schule erfolgreich zu lernen vermögen.

Im Wesentlichen setzen autoritativ erziehende Eltern vier Grundsätze besonders intensiv und ausgeglichen um:

a) Sie zeigen ihrem Kind viel Liebe und Zuwendung.

b) Sie geben klare Regeln vor und achten sehr auf ihre Einhaltung – das wird mit aller Konsequenz umgesetzt.

c) Auf seelische und körperliche Gewalt in jeder Form verzichten sie. Weder machen sie ihr Kind „fertig“ noch „nieder“; sie setzen es auch nicht unter moralischen Druck oder beleidigen es.

d) Sie fördern sein Selbstbewusstsein und unterstützen seine Persönlichkeit mit Vertrauen in seine Fähigkeiten und Begabungen.

a) Liebe und Zuwendung

Sein Kind zu lieben ist die Basis einer jeden guten Eltern-Kind-Beziehung. Das fängt beim Baby schon an. Ob beim Stillen, Fläschchen geben oder Wickeln, beim Waschen oder An- und Ausziehen – man ist ganz und gar bei ihm. Man spricht und lacht viel mit ihm und nutzt viele Gelegenheiten, es zu streicheln und zu liebkosen.

Sein Kind zu lieben bedeutet auch, kein Telefon, Handy oder Smartphone zu nutzen, wenn es wach und in der Nähe ist. Ein Baby kann noch nicht verstehen, warum ihm jemand plötzlich die Zuneigung entzieht und nicht mehr mit ihm, sondern mit jemandem spricht, der gar nicht da ist. Babys brauchen die volle Zuwendung – zu 100 Prozent, ohne Kompromiss. Sie sollten mindestens eineinhalb, besser zwei Jahre alt sein, bevor ihre Eltern solche Geräte in Anwesenheit des Kindes nutzen, und dafür gibt es auch noch einen zweiten Grund: Alle schnurlosen Geräte weisen ein Feld elektronischer Strahlung auf, dessen Wirkungen noch nicht durch Langzeitstudien sicher erforscht sind. Es gibt jedoch ernsthafte Hinweise auf einen Zusammenhang zwischen Handystrahlung und der Entwicklung hyperaktiver Verhaltensmuster bei Kindern.

Wenn man sein Baby im Zimmer herumträgt, zeigt man ihm die kleine Welt der Wohnung, macht das Licht an und aus, schaut gemeinsam aus dem Fenster und erzählt ihm, was draußen vor sich geht. Man lässt es herumkrabbeln und die Welt entdecken, wo das möglich ist.

Einmal saß ich in einem Café, als am Nachbartisch eine Mama mit ihrem vielleicht acht, neun Monate alten Mädchen Platz nahm. Sie ließ die Kleine auf den Boden nieder, wo sie sich zunächst an ihr Bein klammerte und sich umschaute, bevor sie anfing, die nächste Umgebung zu erkunden. Nachdem sie sich unter dem Tisch gut auskannte, eroberte sie nach und nach die Nachbarschaft. Schließlich kam sie auch in meine Nähe gekrabbelt. „Hallo", sagte ich zu ihr – und schwupps, schon war sie wieder bei ihrer Mama. Das Spielchen wiederholte sie mehrfach, wobei sie zunehmend Spaß hatte und lachte.

Kinder brauchen also nicht nur Freiräume und Freiheiten, um die Welt zu entdecken, sondern auch Eltern, die sie dazu ermuntern. Wenn sie älter werden, erobern sie sich sowieso weitere Spielräume: nach dem Laufstall das Zimmer, die Wohnung, den Garten, die Straße, den Spielplatz usw. Es ist hilfreich und fördert unser Kind, wenn wir ihm die Welt zeigen, mit ihm ins Schwimmbad gehen, den Waldspielplatz aufsuchen und mehr. Und selbstverständlich ist es prima, wenn auch ein Papa mitmischt, mit der oder dem Kleinen das Fahrradfahren oder Skaten einübt und kleine Touren macht. Urlaubsreisen müssen im Vorschulalter noch nicht mit dem Flugzeug und in andere Kontinente erfolgen. Ferienparks, Ferienwohnungen, Wohnmobil oder die Eisenbahn sind für Kinder überschaubarer, nachvollziehbarer und mindestens genauso spannend wie eine Flugreise.

Wir müssen nicht ständig etwas mit dem Kind unternehmen – es darf durchaus auch einmal Langeweile haben. Es ist nämlich eine wichtige Erfahrung zu merken, dass man gerade gar nicht weiß, was man tun soll. Erst aus der Langeweile heraus kann sich Kreativität entwickeln. Auf eigene Ideen zu kommen ist die Voraussetzung dafür, dass sich eigene Interessen herausbilden können. Wenn man gerade keine Zeit für sein Kind hat, heißt das ja nicht, dass man es nicht lieben würde. Und Eltern haben oftmals auch noch einen Beruf, auf jeden Fall den Haushalt und manchmal auch eigene Interessen. Die sollten sie niemals völlig aufgeben.

b) Klare Regeln

Es gibt kaum eine Familie, in der nicht klare Regeln bestehen. Das zeigt sich immer wieder, wenn ich bei einer Vortragsveranstaltung danach frage. Hake ich dann aber nach, ob diese Regeln auch eingehalten werden, zeigt sich stets ein anderes Bild, denn viele Eltern gehen mit ihren innerfamiliären Absprachen nicht konsequent um (vgl. S. 128 ff.). Dabei kennt doch jeder das Verkehrszeichen Nr. 239: Sonderweg für Fußgänger.

Es mag altmodisch gestylt sein, aber es zeigt eine Frau, die ein Kind an der Hand hält. Genau dieses Verhalten meine ich, wenn ich von konsequenter Umsetzung geltender Regeln spreche.

> *In einer großen Stadt begegnete ich auf dem Bürgersteig einer stark befahrenen Straße einer Mutter mit drei kleinen Kindern. Eines schob sie im Kinderwagen, die beiden anderen, vielleicht drei und fünf Jahre alt, liefen nebenher. Sie konnte keines der beiden an die Hand nehmen, weil sie sowohl den Kinderwagen schob als auch ihr Handy hielt, auf das sie nicht nur schaute, sondern sogar mit dem Daumen tippte. So zogen sie auf dem Bürgersteig an mir vorbei und überquerten genauso auch Einmündungen mit Autoverkehr.*

Kinder brauchen Führung und kleine Kinder brauchen sie am meisten. Ob auf dem Bürgersteig an einer befahrenen Straße, auf dem Parkplatz vor dem Supermarkt oder am Bahnsteig von Straßen- oder Eisenbahn – niemand sollte ein Vorschulkind an solchen Stellen frei springen lassen.

Und es gibt noch weit mehr Bereiche, in denen man Regeln für das Verhalten von Kindern festlegen kann: die Esssituation bei Tisch, Schlafens- und Aufstehzeiten, Fernsehkonsum und Mediennutzung, Süßigkeiten, Malen mit Wasserfarben, Aufräumen, ... Welche Regeln wichtig und welche gar unverzichtbar sind, ist von Familie zu Familie unterschiedlich. Sollten Sie eine Regel festgelegt haben, die jedoch von Ihrem Kind nicht zufriedenstellend eingehalten wird, dann können Sie das mit ihm trainieren, wie am Ende von Kap. 5 beschrieben. Es ist die Intensität der elterlichen Kontrolle, die für die Regeleinhaltung maßgeblich ist, genauso, wie das auch bei uns Erwachsenen gilt. Oder halten Sie Geschwindigkeitsbegrenzungen an Stellen ein, wo Sie nicht mit einem Blitzer rechnen? Selbstdisziplin ist eine seltene Tugend geworden, die wir im Kindesalter aber noch trainieren können. Ein Beispiel:

> *Wenn ein Kind gerne draußen spielt und einen Platz hat, an dem es nicht gefährdet ist, könnte die Mama mit ihm vereinbaren, dass es zum Abendessen hereinkommt, wenn die Kirchturmglocke sechsmal schlägt. Nun spielt das Kind aber gerade so intensiv im Sandkasten, dass es das Läuten der Glocke ignoriert und schließlich eine halbe Stunde zu spät hereinkommt. Wie reagieren Sie nun?*

Es gibt im Prinzip drei Möglichkeiten:

- Sie sagen: „Jetzt bist du eine halbe Stunde zu spät dran. Papa und ich haben schon riesigen Hunger, weil wir auf dich warten mussten. Setz dich schnell an den Tisch!"
- Oder Sie sagen: „Jetzt bist du eine halbe Stunde zu spät dran. Papa und ich haben schon angefangen, weil wir riesigen Hunger hatten. Beim nächsten Mal musst du zur Strafe eine halbe Stunde früher rein. Setz dich schnell an den Tisch!"

- Oder Sie sagen: „Du kommst eine halbe Stunde zu spät. Jetzt ist das Abendessen schon vorbei. Schade, dann musst du heute ohne zu essen ins Bett gehen.“

Welche halten Sie für die sinnvollste? Jeder wird seinen eigenen Favoriten und auch Gründe dafür haben. Ich weiß nur eines: Kinder sollten wissen, was die Folgen ihres Verhaltens sind, bevor sie gegen eine Regel verstoßen. Im Fall unseres Beispiels also hätte die Mama ihrem Kind sagen können, als sie es rausließ: „Wenn die Kirchturmglocken sechsmal läuten, kommst du bitte rein, weil das unsere Essenszeit ist. Es wäre nicht freundlich, uns warten zu lassen, weil Papa und ich dann hungrig sind. Wenn du zu spät kommst, ist das Essen eben für dich vorbei und du musst hungrig ins Bett. Alles klar?“ Diese Rückfrage ist wichtig, denn man sollte sich unbedingt vergewissern, dass das Kind die Konsequenz verstanden hat. Auf diese Weise hat es die Chance zu verstehen, welche Folgen ein Fehlverhalten hat. In unserem Beispiel könnte es trotzdem zu spät kommen, weil es keinen großen Hunger spürt. Aber bis es schläft, kann der Hunger noch stärker werden – die Konsequenz wirkt dann umso deutlicher.

Wenn das Kind hungrig ins Bett müsste, ohne dass diese Maßnahme vorher besprochen wurde, dann würde es sie als Willkürmaßnahme empfinden und sich mit Recht sehr verletzt fühlen. Passiert so etwas häufiger, kann das seine Persönlichkeitsentwicklung beeinträchtigen. Entweder leidet sein Selbstwertgefühl, so dass es den Gedanken verinnerlicht, gegen mächtigere Menschen komme man nicht an, oder es wird verschlagen und lernt, nach oben zu buckeln und nach unten zu treten. Ob Opfer oder Täter – beides belastet die Entwicklung von jungen Menschen schwer. Ein Rechtsbewusstsein kann so genauso wenig wachsen wie die Persönlichkeitsvoraussetzungen, um gemeinschaftsfähig und erfolgreich durchs Leben zu gehen.

c) Gewaltfrei erziehen

Die Formulierung, Kinder gewaltfrei zu erziehen, ist etwas problematisch. Wenn man weiß, was man nicht tun soll, weiß man schließlich noch nicht, was richtig wäre. Deswegen gilt es, das gewaltfreie Erziehen genauer zu beschreiben. Was ich oben unter „Klare Regeln" dargestellt habe, ist die Forderung, auf autoritär begründete Strafmaßnahmen zu verzichten. Und sicher haben Sie verstanden, wie Sie auf ein Fehlverhalten Ihres Kindes möglichst nicht reagieren sollten. Aber wie genau kann man sich dann positiv verhalten?

1) Wir Eltern sind „erwachsen" – unser Wachstumsprozess ist (weitgehend) abgeschlossen. Vor allem haben wir in unserer Kindheit und Jugend schon fast alle Erfahrungen sammeln können, die unser Kind noch vor sich hat. Das lässt sich auch nicht anders regeln. Darum müssen wir unser Kind *führen, anleiten und schützen*.

Wenn wir es an die Hand nehmen und mit ihm durch die Stadt gehen, führen wir es durch und über Straßen, durch Unterführungen und über Brücken, gehen mit ihm in Warenhäuser und kleine Geschäfte. Überall gibt es Sachverhalte, die Kinder erst lernen müssen: Was passiert mit dem Brief, den wir in den Briefkasten geworfen haben? Warum kann ich mit einer Karte Geld am Automaten bekommen, aber nicht unendlich viel? Woher wissen die Autos, dass ich an der Ampel grün habe und gehen darf? Es gibt jedes Mal und ständig Dinge, die für ein Kind Fragen aufwerfen. Das ist anstrengend, aber es kann uns auch daran erinnern, dass wir ganz ähnlich gefragt haben, als wir klein waren – zumindest wollten wir fragen, wenn wir auch nicht immer fragen durften. Es ist schön, dass heutige Eltern sich oft mehr Zeit nehmen, um mit ihrem Kind zu reden, als sie es in ihren Kindertagen erlebt haben.

2) Damit Kinder die Gelegenheit erhalten, nach und nach ein realistisches Weltbild aufzubauen, müssen wir immer wieder *Position beziehen und Standpunkte vertreten.*

Wie es so ihre Art ist, fragt Anna-Lena in der Straßenbahn ihre Mama ziemlich laut: „Mama, warum ist der Mann da so dick?" Dabei zeigt sie auch noch deutlich mit dem Finger auf einen wirklich sehr übergewichtigen Herrn, der an der Tür steht. Die Leute um sie herum lachen, aber Anna-Lenas Mutter ist in diesem Augenblick gar nicht zum Lachen zumute.

Wie würden Sie sich in diesem Augenblick verhalten? Anna-Lenas Mutter jedenfalls ist die Situation ausgesprochen peinlich und sie würde am liebsten im Boden versinken. Aber ist das wirklich nötig? Sie könnte doch beispielsweise antworten: „Frag ihn doch einfach." Unter den Augen von etlichen Leuten würde der Mann sich vermutlich bemühen, freundlich zu antworten, auch wenn es ihn ärgern sollte. Sie könnte aber auch ganz leise zu Anna-Lena sagen: „Das fragt man nicht so laut, dass die Leute lachen, weil das dem Mann bestimmt peinlich ist. Niemand ist gerne so dick. Vielleicht hat er einfach über viele Jahre zu viel gegessen, vielleicht hat er aber auch eine Krankheit, die ihn dick gemacht hat." Möglicherweise wird Anna-Lena dann noch viele Nachfragen haben, aber das wäre ja in Ordnung, wenn die Unterhaltung so leise fortgeführt wird.

Alle drei Möglichkeiten, das peinliche In-den-Boden-Versinken genauso wie die offensive Nachfrage oder das leise Gespräch, wirken als Vorbild auf das Kind. Unser Kommunikationsstil färbt ab und prägt die Art, wie unser Nachwuchs kommuniziert. Verhalten wir uns offen, klar und taktvoll, werden wir genau das bei ihm fördern – die beste Vorbeugung gegen ein aggressives Miteinander.

3) Trotz eines derart positiven Miteinanders wird es immer wieder zu Meinungsverschiedenheiten mit unserem Kind kommen. Selbstbewusste Menschen, ob groß oder klein, bestehen gerne mal auf ihrem Standpunkt und wollen ihn unbedingt durchsetzen. Deswegen ist es ein wichtiges Erziehungsziel, *Konflikte kommunikativ und mit Respekt auszutragen*. Kinder akzeptieren beispielsweise ein „Nein" viel leichter, wenn wir es vernünftig begründen können. Noch leichter fällt es ihnen, wenn wir ein Ersatzangebot machen, das dann allerdings auch eingehalten werden muss.

> *„Papa, spielst du mit mir Federball?", fragt Sören. Doch Papa ist noch mit seinen Mails befasst und muss sie aus beruflichen Gründen unbedingt schnell beantworten. Deswegen sagt er: „Ich weiß, dass du gerne mit mir Federball spielen würdest, aber ich habe hier noch Arbeit, die muss ich unbedingt jetzt erledigen. Aber heute Abend nach dem Abendessen, da spielen wir noch eine Runde, bevor du ins Bett musst – versprochen!" Nach dem Abendessen ist Papa müde und will eigentlich einfach nur Fernsehen schauen, doch Sören hat sein Versprechen nicht vergessen und erinnert ihn daran. Wie gut, dass Papa sich aus dem Sessel schwingt; nach fünf Minuten Federball auf der Straße ist er wieder munter.*

Konflikte sind natürlich meist viel lauter und hartnäckiger, wenn ein Kind partout seinen Willen durchsetzen möchte oder etwas nicht tut, was es jetzt tun soll. Pure Machtdemonstrationen können zwar kleinen Kindern gegenüber im Augenblick erfolgreich sein, aber auf Dauer haben sie ausgesprochen schädliche Nebenwirkungen. Deswegen ist ein ruhiger Überzeugungsversuch viel wertvoller als ein heftiges „Du tust jetzt, was ich dir sage!" Erklärungen wirken viel positiver als Befehle und vermeiden kraftraubende Machtkämpfe. Respektvoll mit seinem Kind zu reden heißt, es als Person anzuerkennen und sich mit seinen Argumenten auseinanderzusetzen. Die Suche nach Lösungen oder das gelegentliche Eingehen auf einen Kompromiss stärken sein Ich, ohne Ich-Sucht (Egoismus) zu erzeugen. Und manchmal muss ein elterliches „Nein“ auch ein „Nein“ bleiben, trotz aller Diskussion, zum Beispiel, wenn es Zeit ist, ins Bett zu gehen. Vernunft muss wachsen, das klappt nicht von heute auf morgen.

4) Doch bei allem Bemühen schaffen wir es nicht immer, ruhig und vernünftig zu bleiben, wenn es zu Auseinandersetzungen mit dem Nachwuchs kommt. Wer ist noch nie bei einem Streit mit seinem Kind ausgeflippt? Wer hat noch niemals ein lautes „Verdammt noch mal, jetzt ist aber Schluss!“ gebrüllt? *Nobody is perfec*t – eine *Entschuldigung* ist manchmal auch gegenüber unserem Kind fällig.

> *BGB (= Bürgerliches Gesetzbuch), § 1631, Abs. 2: „Kinder haben ein Recht auf gewaltfreie Erziehung. Körperliche Bestrafungen, seelische Verletzungen und andere entwürdigende Maßnahmen sind unzulässig.“*

Diese klare und deutliche Festlegung im deutschen Rechtssystem gilt seit dem Jahr 2000. Seitdem machen sich Eltern tatsächlich strafbar, wenn sie ihr Kind schlagen oder quälen. Die Zahlen zur Gewalt gegen Kinder aus der Kriminalstatistik für das Jahr 2017 sind erschreckend: 143 Kinder starben in diesem Jahr durch elterliche Gewalt, mehr als 4.200 wurden körperlich misshandelt und mehr als 13.500 sexuell missbraucht – die Dunkelziffer ist unbekannt. Und das Schlimmste an dieser Statistik ist: Die Zahl körperlicher Misshandlungen ist über die letzten 30 Jahre hinweg fast stetig gestiegen.

Natürlich gibt es einen deutlichen Unterschied zwischen einer Kindesmisshandlung und einem Klaps auf den Po. Der wird nicht immer als Gewalthandlung gesehen, aber auch er fällt unter die Formulierung des § 1631,2 BGB. Als das FORSA-Institut 2016 eine repräsentative Anzahl von Eltern befragte, gaben rund 40 Prozent von ihnen an, ihr Kind geschlagen zu haben. Das ist glücklicherweise deutlich weniger als vor dem Jahr 2000, aber immer noch viel zu viel.

Auf jeden Fall machen schlagende Eltern sich strafbar, falls es zu einer Anzeige kommt. Man sollte grundsätzlich immer versuchen, Konflikte ohne Einsatz von Gewalt zu regeln. Aber falls man sich trotzdem einmal nicht beherrschen konnte und die Hand ausgerutscht ist, wäre es auf jeden Fall sinnvoll, sich dafür zu entschuldigen – nicht unbedingt sofort danach, aber spätestens am Abend beim Gute-Nacht-Sagen. Wenn das Kind im Bett liegt und man die Zeit hat, um in Ruhe über den Vorfall zu sprechen, kann man erklären, warum man so gereizt war. Und das Kind kann erklären, warum es so nerven musste.

d) Selbstbewusstsein und Persönlichkeit fördern

Das Ziel allen Erziehens ist es, Kinder zu selbstbewussten Menschen heranwachsen zu lassen, die Persönlichkeit haben und wissen, was sie vom Leben wollen. Das war jedoch nicht immer so. Vor 50, 60 Jahren noch haben viele Eltern über den Weg ihres Kindes von der Einschulung bis zur Berufswahl bestimmt. Der Besitzer einer Autowerkstatt hat seinen Sohn Automechaniker lernen und die Meisterprüfung machen lassen, damit er den Betrieb später übernehmen konnte. Der Arzt hat es gerne gesehen, wenn seine Tochter Medizin studierte und ihm in seiner Praxis nachfolgte. Die Arbeiter bei Porsche in Stuttgart sind auch heute noch bestrebt, ihren Kindern einen Ausbildungsplatz im Werk zu organisieren. Die ganze Kindheit bis zum Schulabschluss war einmal auf solche Ziele hin ausgerichtet, die nicht immer mit den Lebenswünschen der jungen Menschen übereinstimmten. Aber die heutige Jugend ist wesentlich freier in der Wahl ihres Berufs und des Lebensweges geworden.

Das hat auch damit zu tun, dass es die Hälfte der heutigen Berufe nicht mehr geben wird, wenn ein jetziger Schulanfänger später das Abitur macht. Technik und Wissenschaft verändern sich und unser Leben wird immer schneller. Darum ist nur eines wichtig: Unser Kind braucht Selbstbewusstsein und Persönlichkeit, um seinen Lebensweg gehen zu können. Dazu benötigt es unser Vertrauen in seine Begabungen sowie in seine Lernfähigkeit, aber nicht unseren Traum von seiner Zukunft.

Das Kind darf seinen Zielen folgen. Die sind im Vorschulalter noch nicht klar, aber wir haben schon längst gemerkt, ob es Spaß an Puppen oder Technik, an Malen oder Musik, an Sport oder Sachwissen hat. Dementsprechend schauen wir mit ihm Bilderbücher an, machen wir Geschenke zum Geburtstag oder zu Weihnachten und unternehmen wir Ausflüge.

Dabei hegen wir keinen Erwartungsdruck und überfordern unser Kind nicht. Wir wissen ja, dass seine jetzigen Interessen nicht ein Leben lang bestehen bleiben werden. Gerade bis in die ersten Schuljahre hinein probieren Kinder noch alles Mögliche aus. Oft sind sie total begeistert, wenn sie irgendwo ein Keyboard erleben, aber sobald sie merken, dass das Üben anstrengend ist und Könnerschaft erarbeitet werden will, mag die Begeisterung schnell erlahmen. Ähnlich kann es sich verhalten, wenn sie Fußball, Judo oder Tennis entdecken. Darum sind Vereinsmitgliedschaften oder Verträge für Instrumentalunterricht im Vorschulalter meist noch nicht sinnvoll.

Aber Unterstützung und Ermutigung bei all dem kindlichen Ausprobieren sind durchaus wichtig. Wir haben die einmalige

Chance, unser Kind beim Entdecken von Vorlieben und Begabungen zu beobachten und zu begleiten! Und wir sollten mit ihm über seine Erfahrungen sprechen, die es bei dem ganzen Ausprobieren und Versuchen macht, damit es Folgerungen daraus ziehen kann. Wenn es dann bald in die Schule kommt, wird es zudem lernen müssen, dass sie verpflichtend ist, während Hobbys freiwillig gepflegt werden. Spaß machen kann jedoch beides.

Helikopter-Eltern

Während autoritativ erziehende Eltern ihr Kind Erfahrungen sammeln lassen, die es sich selbst sucht, organisieren Helikopter-Eltern vieles für ihr Kind. Sie gelten als überfürsorglich; sie überwachen und behüten ihr Kind, um es vor möglichst allen Gefahren zu bewahren. Dabei nehmen sie ihm allerdings auch die Chance, eigene Erfahrungen zu sammeln.

Die Leiterin eines Kindergartens erzählte bei einer Fortbildung von einer Mutter, die ihr eine Liste von Verhaltensvorschriften gegeben hatte, die sie im Umgang mit deren Kind beachten sollte.

Eine andere Erzieherin berichtete von einem Elternpaar, das nach der Verabschiedung vom Kind jeden Tag noch etliche Minuten an der Tür zum Gruppenraum lauschte und sogar durchs Schlüsselloch guckte. Keine halbe Stunde später kam die erste WhatsApp-Nachricht mit der Bitte um Bericht und Fotos, um das Wohlbefinden der Kleinen einschätzen zu können.

Eine Grundschullehrerin war von einer Mutter gebeten worden aufzupassen, dass ihre Tochter sich heute auf dem Schulhof nicht die Kleidung schmutzig macht, denn sie müsse nach der Schule noch zum Arzt.

Will man es positiv sehen, sind Helikopter-Eltern einfach überfürsorglich und wollen nur verhindern, dass ihrem Kind irgendetwas Unangenehmes oder Schlimmes passiert. Im Englischen gibt es auch den Begriff „overparenting“, also „die Elternschaft übermäßig ausüben“. Das ist gut gemeint, hat jedoch für Kinder große Nachteile:

- Sie haben zu wenig äußere wie auch innere Freiräume und können zu wenig eigene Erfahrungen sammeln.
- Sie müssen keine Belastungen ertragen und entwickeln dadurch zu wenig Kraft, weder körperlich noch seelisch.
- Durch ihre Verwöhnung bekommen sie keinen Anlass, Eigeninitiative und Leistungsmotivation zu entwickeln; sie können keine Ich-Stärke gewinnen.

Die Anzahl von Veröffentlichungen zum Thema weckt die Vermutung, dass die Quote der Helikopter-Eltern in den letzten Jahren zugenommen habe. Zuverlässige Zahlen dazu gibt es allerdings nicht. Der Begriff ist ja auch nicht wissenschaftlich definiert. Aber wenn ich die Nachfrage zu Vorträgen aus den Kindergärten als Maßstab nehmen kann, dann hat das Phänomen auf jeden Fall an Gewicht gewonnen. Beeindruckend fand ich die Antwort einer Mutter auf meine Frage vor einem Vortrag, ob sich jemand als Helikopter-Mama oder -Papa fühle. Sie antwortete nämlich: „Ich will gerne wissen, ob ich eine Helikopter-Mutter bin und ob ich mich ändern sollte.“ Wer so zu dem Thema steht, denkt über sein Erziehungsverhalten nach und zeigt sich als lernfähig.

Wenn die Einschulung vor der Tür steht, brauchen Eltern Vertrauen in die Fähigkeiten der Lehrerinnen und Lehrer, mit den Kleinen so umzugehen, dass sie sich wohlfühlen und lernen können. So wie der Kindergarten in der Verantwortung der Erzieherinnen liegt, liegt die Schule im Verantwortungsbereich der Lehrkräfte. Sie haben ihren Beruf studiert, haben Prüfungen und Lehrproben abgelegt, eine Probephase durchlaufen und wissen, was sie tun. Als Eltern sollten wir sie einfach arbeiten lassen und unseren Teil zum Schulleben beitragen, indem wir die Elternabende besuchen und die angebotenen Gesprächsmöglichkeiten nutzen, an Schulfesten dabei sind und vielleicht sogar an ihnen mitwirken.

Wer sich jedoch in die Zuständigkeitsbereiche anderer einmischt, um seinem Kind alle Schwierigkeiten aus dem Weg zu räumen, kann noch so edle Motive dafür geltend machen – dem Kind hilft er damit nicht.

Einst traf ich auf der Straße eine Mutter, die fünf Jahre zuvor mit ihrer Tochter bei mir zur Beratung wegen Lernschwierigkeiten gewesen war. Sie berichtete freudig: „Wir lernen gerade fürs Abitur." Ich fragte nach: „Und wollen Sie dann auch gemeinsam studieren?"

8 Lesen als Schlüssel zur Welt

oder: Mit Büchern die Schulfähigkeit fördern

„Jedesmal,
wenn du ein Buch fortgelegt hast und beginnst,
den Faden eigener Gedanken zu spinnen,
hat das Buch seinen beabsichtigten Zweck
erreicht."

(Janusz Korczak)

Vor 5.000 Jahren begannen Menschen, Informationen schriftlich festzuhalten. Im alten Ägypten sowie im Zweistromland, dem heutigen Irak, finden sich erste Zeugnisse menschlicher Schreibkultur in Hieroglyphen und Keilschrift. Vor rund 700 Jahren entwickelte Johannes Gutenberg aus Mainz den Buchdruck mit beweglichen Lettern und einer Druckerpresse. Das war der Durchbruch zur Buchkultur für die Massen.

Und heute? Die meisten Menschen können sich ein Leben ohne Bücher kaum vorstellen. Nur die jungen Leute lesen kaum mehr auf Papier, sondern eher elektronisch. Aber die Fähigkeit, Schriftzeichen zu entziffern, ihre Bedeutung zu erkennen und damit zu kommunizieren, ist und bleibt der zentrale Schlüssel unserer Kultur. Umso erschreckender sind Zahlen, die in einer Studie der Universität Hamburg 2011 veröffentlicht wurden. Danach gelten 2 Mio. der Deutschen als totale Analphabeten, das sind rund 4 Prozent. 7,5 Mio. Deutsche (= 14 Prozent) beherrschen die Schriftsprache funktional nicht. Wären sie Eltern, könnten sie kaum eine Einladung zum Elternabend lesen, geschweige denn ihrem erkrankten Kind eine Entschuldigung schreiben. Diese Zahlen gibt es unbestritten, obwohl wir Schulpflicht haben und diese Menschen mindestens acht Jahre lang das Fach Deutsch im Unterricht erlebten. Schon in der Einleitung zu diesem Buch konnten Sie aus einer anderen Untersuchung erfahren, dass jeder achte Viertklässler den Mindeststandard im Lesen und mehr als jeder fünfte im Rechtschreiben nicht erreicht. Es gibt also Menschen, die nicht fähig sind, die Schriftsprache zu erlernen, trotz normaler oder sogar guter Intelligenz. Die Forschung arbeitet an diesem Thema und der „Bundesverband Alphabetisierung und Grundbildung e. V." sowie die Alfa-Stiftung bemühen sich um Aufklärung, Beratung und Hilfe für Betroffene und ihre Angehörigen.

Mit Büchern die Fantasie anregen

Im Vorschulalter spielt all das jedoch noch keine Rolle. Für Babys und Kleinkinder sind Bilderbücher der Anfang ihres literarischen Lebens, meist aus abwaschbarem Kunststoff. Außerdem sind mittlerweile Fühl- oder sogar Foto-Streichel-Soundbücher der Renner. Allerdings kann ein Kleinkind noch gar nicht verstehen, was das Miauen eines Katzenbildes beim Darüberstreicheln mit dem echten Lebewesen Katze zu tun hat. Eine Ahnung davon könnten wir viel besser erzeugen, wenn wir unserem Kind das Bild einer Katze zeigten und erzählten, wie schön kuschelig weich sich ihr Fell anfühlt und ihm das Miauen oder Schnurren vormachten. Aber dafür muss man sich die Bilder mit seinem Kind gemeinsam anschauen, mit Zeit und in Ruhe. Genau diese Haltung ist existenziell wichtig für die geistige Entwicklung unserer Kleinen. Jede Mama, jeder Papa und jedes Geschwisterkind können die unmittelbaren Übersetzer für das Baby sein, um Bilder zu verstehen.

Mit zwei, drei Jahren lassen sich die Kinder gerne Reime und Kurztexte zu den Bildern vorlesen. Sie fangen auch schon an, einer Geschichte über mehrere Seiten zu folgen, wenn man sie in Ruhe die Bilder betrachten lässt, auf die einzelnen Figuren zeigt und die Texte gemächlich und manchmal auch wiederholt vorliest, bevor man weiterblättert. Ab etwa drei, vier Jahren mögen sie ganze Geschichten und Märchen hören und können schon fünf, vielleicht sogar zehn Minuten oder noch länger konzentriert zuhören. Daran lässt sich eine der Möglichkeiten erkennen, die Konzentrationsfähigkeit von Kindern zu stärken.

Die besten Texte zum Vorlesen sind in diesem Alter Märchen, ob aus Bilderbüchern mit oftmals reduziertem Text oder aus Märchensammlungen, in denen sich kaum ein Bild, höchstens ein paar Zeichnungen befinden. Manche Erwachsenen fragen sich vielleicht, wieso ein Kind derlei Texte überhaupt verstehen kann – schließlich klingt die Sprache der Volksmärchen alt und überholt. In der Tat, Kinder verstehen solche Geschichten nicht wörtlich, aber sie hören meistens gebannt zu; selten fragen sie zwischendurch etwas. Sie erfassen sie ganzheitlich und stellen sich beim Zuhören alles Geschilderte bildlich vor. Oh ja – Kinder können das! Ist Ihnen schon mal aufgefallen, wie viel Fantasie Ihr eigenes Vorschulkind aufbringt?

Die meisten Kinder glauben bis ins erste Schuljahr hinein, dass es einen Nikolaus gibt, der Süßigkeiten in die Schuhe steckt, wenn das jemand erzählt hat und es sich an jedem Adventsmorgen bewahrheitet, wie ich das als Kind immer zwischen Nikolaus und Heiligabend erlebte. Die meisten christlich erzogenen Kinder glauben an das Christkind oder den Weihnachtsmann. Und wer hat die Schokoladeneier zu Ostern ins Nest gelegt?

Natürlich der Osterhase! Und viele Kinder wissen, dass es keinen echten Nikolaus, Weihnachtsmann oder Osterhasen gibt, aber sind sich trotzdem sicher, dass er es war, der ihnen was gebracht hat. Es gibt nämlich eine magische Phase im Kinderleben zwischen etwa drei und fünf, sechs Jahren.

In diesem Lebensalter sind Kinder davon überzeugt, dass alles eintritt, was sie sich vorstellen – Schönes wie Schreckliches. Wenn es regnet, weinen die Wolken, weil sie traurig sind. Die Barbies dürfen ruhig unter dem Tisch liegen bleiben, denn sie sind müde und müssen schlafen. Wenn ich brav aufesse, gibt es morgen schönes Wetter. Und bitte nie den Stöpsel aus der Badewanne ziehen, wenn ich noch drinsitze – ich könnte durch den Abfluss mitgerissen werden!

Was uns ein Kind in diesem Alter erzählt, klingt oft seltsam und versponnen. Manche Eltern denken wohlwollend, ihr Kind habe einfach zu viel Fantasie, andere glauben, es entwickle sich zu einem notorischen Lügner. Ja, Kinder haben in der magischen Phase unglaublich viel Fantasie, aber sie lügen nicht, sondern sind von der Realität ihrer Aussagen überzeugt. Abends können ihre magischen Gedanken besonders große Ängste vor dem Einschlafen hervorrufen, weil es ja auch bedrohliche Fantasien gibt. Neben guten Feen und hilfreichen Zwergen gibt es schließlich böse Hexen und Kobolde wie das Rumpelstilzchen. Aber gerade an ihm können Kinder lernen, dass das Böse besiegbar ist. Sollte ein Kind also Angst vor bösen Wesen unter dem Bett und in den Schränken haben, können verständnisvolle Eltern helfen. Erwachsene wissen nämlich, dass kein Unhold sich hervortraut, solange der Mond noch am Himmel leuchtet oder das Nachtlicht in der Steckdose steckt. Und die Lieblingspuppe im Arm schützt natürlich auch noch mit.

So ausgestattet kann man sogar solche Märchen als Gute-Nacht-Geschichte genießen, in denen der Wolf die Großmutter frisst – sie kommt ja am Ende wieder wohlbehalten ans Tageslicht, während der Wolf mit Wackersteinen im Bauch in den Brunnen geschmissen wird und nie wieder herauskommt. Märchen gehen immer gut aus, das ist beruhigend. Auch Michael Endes „Jim Knopf" oder seine „Momo", Otfried Preußlers Klassiker „Der kleine Wassermann", „Die kleine Hexe" oder „Der Räuber Hotzenplotz", Astrid Lindgrens „Pippi Langstrumpf" und „Die Kinder von Bullerbü" und viele, viele mehr sind märchenhafte Kinderbücher, die ungeheuer fantasievoll geschrieben sind und stets ein gutes Ende aufweisen.

Die magische Phase ist ein Phänomen, das wir nicht aushebeln können – sie ist einfach eine psychologische Tatsache – und sie endet normalerweise mit fünf, sechs Jahren, manchmal auch erst mit sieben oder acht; Kinder sind nun einmal unterschiedlich. Viele unserer Kleinen lieben die märchenhaften Geschichten auch noch, wenn sie die magischen Jahre eigentlich schon hinter sich haben. Die guten Märchenfiguren, ob aus Volksmärchen oder der aktuelleren Kinderliteratur, haben auch uns oft bis ins Erwachsenenalter hinein noch – zumindest gedanklich – begleitet.

„Der bundesweite Vorlesetag" ist eine Initiative der Wochenzeitung DIE ZEIT, der „Stiftung Lesen" sowie der Deutschen Bahn. Auf www.stiftunglesen.de findet man die Ergebnisse der repräsentativen Befragungen aus den vergangenen Jahren; Zielgruppe sind 10- bis 19-jährige Leserinnen und Leser. Man kann alle Jahresberichte sowie Listen von geeigneten Vorlesebüchern herunterladen. Einige zentrale Ergebnisse dieser außergewöhnlichen Vorlesestudie:

- Für 2018 heißt es, Vorlesen biete ein uneinholbares Startkapital. 78 Prozent der Kinder, denen im Vorschulalter mehrmals pro Woche oder sogar täglich vorgelesen worden war, fällt das Lesenlernen leicht. Fragt man die Kinder selbst, sind 52 Prozent der Grundschulkinder mit geringen Vorleseerfahrungen frustriert, weil das Lesenlernen ihnen zu lange dauert, gegenüber nur 28 Prozent derer, denen viel vorgelesen wurde.
- 2017: Eine gute, vielseitige Bildung ist mit 86 Prozent das am häufigsten genannte Bildungsziel der Eltern; gute Lesefähigkeit halten 71 Prozent für wichtig. Ein gutes Drittel der Eltern ist sich jedoch nicht sicher, ab wann sie vorlesen sollten, und 28 Prozent lesen in den ersten drei Lebensjahren gar nicht vor.

- 2016: 91 Prozent der Kinder in Deutschland lieben es, vorgelesen zu bekommen.

Das Zwischenfazit aus der Vorlesestudie 2015:

- Zwischen dem Vorlesen in der Familie und der persönlichen Entwicklung von Kindern sowie ihrem (pro-) sozialen Verhalten besteht ein enger positiver Zusammenhang.
- Kinder, deren Eltern ihnen vorgelesen haben, besitzen besonders gute Voraussetzungen für Bildungsfähigkeit und gute kognitive Leistungen. Das ist aber nicht alles:
- Sie entwickeln sich insgesamt zu offenen, vielseitig interessierten und sensiblen Individuen, die anderen ohne Vorbehalte zugewandt sind. Die Kinder sind mitfühlend, zupackend und engagiert.
- Die Zusammenhänge zwischen Vorlesen und den genannten Eigenschaften sind unabhängig vom Bildungsniveau, vom Geschlecht der Kinder, von der Intensität ihrer sozialen Kontakte und von der Kommunikation in der Familie.
- Gerade wenn Kinder wenige soziale Kontakte haben und in Familien wenig Austausch über den Alltag stattfindet, profitieren sie vom Vorlesen. Das Vorlesen leistet einen Beitrag dazu, dass sie einen weiten Horizont entwickeln und ein großes Repertoire an Verhaltensmodellen besitzen.
- Ebenfalls in 2016 wurde berichtet, dass 93 Prozent der Kinder, denen täglich vorgelesen wurde, als fröhlich und 75 Prozent als selbstbewusst beschrieben wurden. Bei Kindern, denen selten oder nie vorgelesen wurde, waren es nur 59 bzw. 44 Prozent. Ähnlich deutlich waren die Unterschiede bezüglich dem Verstärken sozialer Beziehungen oder der Ausprägung des Gerechtigkeitssinns der Kinder.

Die Bücherei nutzen

„Ein Raum ohne Bücher ist ein Körper ohne Seele", hat der römische Philosoph und Politiker Cicero vor mehr als 2000 Jahren gesagt. Er war ein großartiger Schriftsteller und hat die Schriftkultur seiner Zeit maßgeblich beeinflusst. Die Schriftkultur unserer Tage ist nicht immer großartig, wie ich beim Durchstöbern von Bahnhofsbuchhandlungen regelmäßig feststelle. Aber eine Leihbücherei oder -bibliothek ist etwas Fantastisches, ob die kleine Version mit zwei halben Tagen Öffnungszeit pro Woche oder die große in städtischer Trägerschaft, die nicht nur Bücher anbietet, sondern auch Spiele und elektronische Medien. Das besonders Schöne an diesen Einrichtungen: Sie besorgen die Medien, die die Besucher vorschlagen! Während Erwachsene im Regelfall einen Jahresbeitrag entrichten müssen, ist die Büchereinutzung für Kinder meist unentgeltlich.

Wenn Mama, Papa, Oma oder Opa regelmäßig mit dem Vorschulkind in die Bücherei gehen, tun sie etwas Großartiges für sein Bildungsfundament! Anschaulicher und besser kann man das Kulturgut Buch nicht kennenlernen als dort. Nirgendwo findet man mehr Bücher, die man auch in die Hand nehmen, anschauen, durchblättern und sogar für ein paar Wochen mit nach Hause nehmen darf. Die Kleinen können in der Schmökerecke auf dem Sessel sitzen oder einer Matratze liegen und sich Bücher anschauen. Schon Vorschulkinder dürfen sich Bücher „selbst" ausleihen. Natürlich müssen sie in Begleitung eines Erziehungsberechtigten sein. Aber sie dürfen eigenständig auswählen, was sie zu Hause „lesen" möchten oder vorgelesen bekommen wollen. Sie dürfen die Bücher selbst zum Registrieren an die Theke bringen und sie später auch selbst wieder abgeben. Viele dieser Einrichtungen bieten sogar Gesellschaftsspiele zur Ausleihe an.

Sehr viele Büchereien bieten Lesungen für Kinder an. Die eine organisiert „Pippi Langstrumpf", vorgetragen von zwei Leserinnen, was Abwechslung in die Stunde des Zuhörens bringt. Die andere führt gar zweisprachige Veranstaltungen durch, etwa ein deutsch-spanisches Bilderbuchkino. Die eine präsentiert „Vom Faultier, das nicht faul sein wollte", die andere organisiert eine szenische Lesung mit Schauspielern der Landesbühne. Manche stellen sogar musikalische Lesungen auf die Beine – Bibliotheken nutzen die Möglichkeiten ihres Etats aus, um Kinder, also den Lese-Nachwuchs, für Literatur zu begeistern.

Das elterliche Vorbild

Damit Kinder von den öffentlichen Angeboten zur Förderung ihres Leseinteresses profitieren können, brauchen sie Eltern, die sie nicht nur diesbezüglich fördern, sondern auch selbst gerne und für die Kleinen sichtbar lesen. Denn ob man das will oder nicht – Eltern sind nun mal das erste und eindrucksvollste Vorbild für ihre Kinder, und das gilt auch für ihr Leseverhalten. Das familiäre Leseklima ist entscheidend für die Ausprägung der kindlichen Lesefreude. Eltern, die es wichtig finden, dass ihr Kind gerne und viel liest, selbst aber wenig in Bücher schauen, können als positive Anreger kaum wirksam sein – das konkrete Verhalten ist entscheidend für ihre Vorbildrolle.

> *Ich erinnere mich noch gut an meine eigene Kindheit. Mein Vater war ein Büchernarr; unser Wohnzimmer hatte Regale, die vom Fußboden bis zur Zimmerdecke vollgestellt mit Büchern waren. Immer, wenn er dort am Tisch saß, lag ein Buch vor ihm. Natürlich fragte ich ihn oft, was er da lese oder was*

die Bilder bedeuteten, die er anschaute. Dann erzählte er mir von Politik, Philosophie oder der Weltraumfahrt, die damals gerade begann. Natürlich verstand ich als kleiner Knirps nichts davon, aber ich spürte, dass das irgendwie spannend sein musste. So schaute ich selber viel in Bücher – nicht nur in meine eigenen bunt bebilderten, sondern auch in Vatis. Und kaum, dass ich lesen konnte, las ich Kinderromane und Abenteuergeschichten, den Struwwelpeter und „Pipi Langstrumpf", „Kalle Blomquist" und „Die kleine Hexe". Etwa im dritten Schuljahr kam Karl May hinzu und ich las mich durch den Orient und den wilden Westen. Ich sei eine Leseratte und sollte doch mehr raus gehen und mit den Kindern auf der Straße spielen, kritisierte meine Mutter öfters. Aber das war überflüssig, schließlich musste ich ja mit den ganzen Kameraden immer wieder Old Shatterhands oder Kara ben Nemsis Abenteuer nachspielen – das konnten wir ohnehin nur im Freien.

Häufig heißt es, die Zeit zum Lesen fehle einfach. Beruf und Haushalt füllten einen so sehr aus, dass man nicht mehr zur Lektüre komme. Tatsächlich? Zunächst einmal werden immer weniger Bücher gekauft. Der Buchhandel stellt fest, dass im Jahr 2012 noch 36,9 Mio. Menschen in Deutschland Lesestoff erwarben, fünf Jahre später jedoch nur noch 29,6 Mio. – ein Rückgang um 20 Prozent. Andererseits wird zunehmend online gelesen. Die Stiftung Lesen geht davon aus, dass heute insgesamt nicht weniger gelesen werde als in früheren Zeiten. Gerade wer digitale Medien nutze, lese sehr viel. Trotzdem – etwa die Hälfte aller Erwachsenen liest wenig bis nichts. Dabei kann Lesen viele Vorteile haben:

- Es entspannt und tut gut. Man kann abschalten, sich aus dem Alltag ausklinken und in die Lektüre versenken. Wenigstens eine halbe Stunde pro Tag verbessert die Nervenkräfte erheblich – ein wichtiges Argument für Eltern!

- Es bildet und stärkt die Konzentration. Gerade beim Bücherlesen bleibt man über Stunden bei einer Sache, bei einem Thema, und beschäftigt sich intensiv damit. Das aktiviert bestimmte Strukturen unseres Gehirns – vor allem jene, die für kritisches Denken und Argumentieren bedeutsam sind.
- Es macht kreativer und lässt mehr Ideen in uns aufkommen.
- „Ein Buch kann uns als Axt dienen für das zugefrorene Meer in unserem Innern", hat Franz Kafka geschrieben. Lesen lässt uns träumen und damit neue Möglichkeiten in der Realität erkennen.
- Vielleser sind die besseren Zuhörer und Diskussionspartner. Sie trainieren beim Lesen das Nachdenken über das Gelesene, und so können sie in Diskussionen auch beim Zuhören nachdenken und deswegen hervorragend argumentieren.

Eines ist jedenfalls gewiss: Lesen bildet, und Lesen verändert unsere Gehirnstrukturen. Unter anderem das Max-Planck-Institut in Leipzig hat darüber geforscht und mittels Kernspintomografie festgestellt, dass das Lesen die Großhirnrinde bei Kindern wie auch bei Erwachsenen verändert. Bei Erwachsenen jedoch werden zusätzlich Effekte wirksam, die zu einer besseren Fähigkeit führen, Informationen nach wichtig und unwichtig zu unterscheiden. Vielleicht ist das einer der Gründe für die Erkenntnis, dass Vielleser im Durchschnitt deutlich mehr verdienen als Wenig- oder Nichtleser.

Ein arabisches Sprichwort sagt: „Ein Buch ist wie ein Garten, den man in der Tasche trägt." Kaum eine andere Beschäftigung vermag einen so sehr zu beglücken wie das Lesen. Wenn ein Buch fesselt, verliert man nicht nur das Gefühl für die reale Zeit, sondern auch für die eigene Ich-Grenze: Man taucht in die

Handlung ein. Der Wiener Psychotherapeut Viktor Emil Frankl (1905–1997) hat Bücher sogar als Therapeutikum empfohlen, weil seiner Erfahrung nach das Lesen Heilkraft besitze. Nun müssen Eltern nicht unbedingt Therapiestunden bekommen, nur weil sie ein Kind haben. Aber das Lesen hilft der angespannten Psyche nach einem stressigen Tag eindeutig mehr als das Fernsehen oder das Internet. Und gleichzeitig kann es, wenn die Kinder es miterleben, eben auch anregen, selbst in Bücher zu schauen und neugierig auf das zu werden, was man da alles lesen kann.

Die Rolle elektronischer Medien

Das Buch als Kulturgut gilt als gefährdet, weil es starke Konkurrenz in Form von elektronischen Medien bekommen hat. Doch diesen Begriff muss man erst einmal genau definieren:

> *„Ein elektronisches Medium ist ein Medium, das auf elektronischem Weg empfangen und wiedergegeben wird. In zunehmendem Maße werden die übertragenen Mitteilungen digital kodiert. In diesem Fall wird auch der Begriff „digitale Medien" verwendet. Rein begrifflich muss zwischen Medium als Träger von Inhalten (Informationsmittel/Kommunikationsmittel) und von Medieninhalten selbst unterschieden werden.*
>
> *Der Begriff „elektronische Medien" entwickelte sich im 20. Jahrhundert als Synonym für Hörfunk und Fernsehen (Rundfunkmedien). Inzwischen findet eine Begriffserweiterung statt, da moderne elektronische Medien wie Internet, PC und sämtliche mobilen Anwendungen die gleichzeitige Produktion, Übertragung und Rezeption von Inhalten ermöglichen."*
>
> (https://de.wikipedia.org/wiki/Elektronische_Medien)

Das erste Kommunikations-Medium der Menschheitsgeschichte war die optische Telegrafie, die aus dem antiken Griechenland vor rund 2.500 Jahren bekannt ist. Die amerikanischen Indianer haben sie in Form von Rauchzeichen genutzt. Im 19. Jahrhundert begann das Zeitalter der Morse-Telegrafie. Nicht lange danach fing auch die Geschichte des Telefons an, das A. G. Bell 1876 erstmals zur Anwendung brachte. Nur wenige Jahrzehnte später begann die Geschichte des Hörfunks und rund 50 Jahre später auch die des Fernsehens.

Mittlerweile sind die Grenzen zwischen TV und Internet fließend geworden. Man kann am Computer Fernsehen oder über Netflix Filme und Serien anschauen. Der Fernsehapparat lässt sich auch zum Anschauen der letzten Urlaubsfotos oder selbstgedrehter kleiner Videos nutzen. Die Hörmedien haben sich vom Grammophon (um 1880) mit Schellackplatten über Plattenspieler und Tonbandgerät bis zum Speicher-Stick entwickelt, dessen Tondateien man mit einem Knopf im Ohr genauso hören kann wie mit einer modernen Soundanlage. Filme können heutzutage nicht mehr reißen – allenfalls können DVDs zerkratzt oder zerbrochen werden. Und wenn wir sie auf der Festplatte unseres Computers speichern, sind sie da recht zuverlässig aufgehoben, ohne dass wir noch ein eigenes Regalfach für sie bräuchten, wie das einst bei Video-Kassetten der Fall war.

Viele Leute lesen ihre Zeitung nicht mehr als Druckerzeugnis auf Papier, sondern haben sie als elektronische Version für ihren Laptop oder ihr Netbook abonniert. Auch Zeitschriften kann man elektronisch lesen; manche Fachzeitschrift gibt es schon gar nicht mehr in gedruckter Form. Und das Telefonieren mit einem modernen Handy verbindet die Kommunikation von Mensch zu Mensch über das gesprochene Wort mit allen elektronischen Möglichkeiten. In diese Welt, deren Neuerungen uns mittlerweile Jahr für Jahr überraschen, wachsen unsere Kinder hinein. Davon sollten wir sie keinesfalls ausschließen

Wenn wir der Medienforschung folgen, sollten wir allerdings die Nutzung von elektronischen Geräten durch Kinder einschränken, denn die Gehirne von Klein- und Vorschulkindern sind noch in der Entwicklung begriffen. Besorgt machen kann die Untersuchung des Leipziger Forschungszentrums für Zivilisationserkrankungen (LIFE), bei der 500 Eltern von Kindern zwischen zwei und sechs Jahren nach deren Medienkonsum befragt wurden. Eine zweite Befragung nach genau einem Jahr ergab dann das Bild einer Entwicklung: „Die Ergebnisse geben Hinweise darauf, dass verstärkter Medienkonsum ein Risiko darstellt, Verhaltensauffälligkeiten zu entwickeln. Wiederum können Verhaltensauffälligkeiten auch zu einem vermehrten Konsum dieser Medien führen", heißt es in der Pressemitteilung der Universität Leipzig (https://www.uni-leipzig.de/newsdetail/artikel/elektronische-medien-fuehren-zu-auffaelligem-verhalten-bei-vorschulkindern-2018-05-16/). Daher raten die Verfasser der Studie, dass Eltern auf einen möglichst geringen Medienkonsum achten sollten. Unter drei Jahren sollten Kinder gar keine elektronischen Medien in die Hand bekommen und danach höchstens eine halbe Stunde pro Tag damit spielen.

Noch wissen die Forscher nicht, warum Medien bei Vorschulkindern derartige Wirkungen entfalten. Sie wollen der These nachgehen, dass elektronische Medien für sie einfach zu schnell sein könnten. Wenn Kinder beispielsweise ein Buch anschauen, bleiben sie so lange bei einer Seite, bis sie weiterblättern. Auch bei einem Brettspiel wie Mensch-ärgere-dich-nicht entscheiden sie selbst, wie schnell sie würfeln und ziehen. Elektronische Geräte jedoch geben das Tempo vor.

Ausführliche Informationen zur Nutzung elektronischer Geräte durch Kinder gibt die Internetpräsenz www.schau-hin.info, die vom Bundesfamilienministerium, ARD, ZDF sowie der Zeitschrift TV-Spielfilm gemeinsam betrieben wird. Auch hier wird Eltern geraten, feste Medienzeiten mit ihren Kindern zu vereinbaren, weil klare Regeln besser seien als strikte Verbote. Auch SCHAU HIN! empfiehlt, wie schon an anderer Stelle erwähnt, Kinder bis fünf Jahre sollten höchstens eine halbe Stunde und bis neun Jahre maximal eine Stunde pro Tag mit Medien verbringen – mit allen Medien zusammen, wohlgemerkt! Wenn Eltern spüren, dass die Gereiztheit oder Launenhaftigkeit ihrer Kinder zunimmt, sollten sie genauer hinschauen. Nutzen Kinder die Medien aus Langeweile, brauchen sie vor allem ein aktiveres Spielverhalten und mehr Kontakte mit anderen Kindern.

www.kindergesundheit-info.de, ein Angebot der Bundeszentrale für gesundheitliche Aufklärung, schlägt die „3-6-9-12"-Regel vor: Keine Bildschirmmedien unter drei Jahren, keine eigene Spielekonsole unter sechs, kein Handy oder Smartphone vor neun und keine unbeaufsichtigte Nutzung von Computer bzw. Internet bis zwölf Jahren. Und wie wäre es mal mit einem Familienwochenende ohne Medien? Kein TV, kein Computer, kein Handy, kein elektronisches Spiel – stattdessen Ausflüge, Spielplatzbesuche, Gesellschaftsspiele, Bastelstunden, Lesen – und schon wären wir wieder beim Buch, diesem wunderbaren Medium, das Neugier, Wissen, Fantasie und Spannung bringt wie nichts anderes sonst.

9 Alles klar?

oder: Den Schulstart vorbereiten

„Denk ich an Schule in der Nacht,
dann bin ich um den Schlaf gebracht."

(Frei nach Heinrich Heine)

Nachdem es in diesem Buch bisher stets um das Kind ging, seine Schulfähigkeit, die Förderung seiner Motivation, den bestmöglichen erzieherischen Umgang mit ihm sowie Anregungen zum Lesen, handelt das letzte Kapitel von den organisatorischen Fragen, die sich Eltern im letzten Jahr vor der Einschulung stellen. Von ihnen muss sich jedoch niemand um den Schlaf bringen lassen. Rund 750.000 i-Dötzchen – Abecedarier, wie es früher einmal hieß – oder ABC-Schützen werden alljährlich in den schulischen Lernbetrieb aufgenommen. Aber welche Schule wird, soll oder kann es denn sein?

Welche Schule für mein Kind?

Als ich eingeschult wurde, gab es nur eine Schule im Dorf – meine Eltern hatten keine Wahlmöglichkeit. Sehr praktisch war auch der kurze Schulweg von rund 200 Metern. Da es damals noch Konfessionsschulen gab, musste ich die einklassige Zwergschule besuchen, in die rund 20 Kinder aus acht Schuljahren gingen. Die andere „Fraktion" hatte Jahrgangsklassen, doch in die kam ich nicht rein, obgleich sie im selben Haus untergebracht war und meine Eltern das versuchten.

Heute sind staatliche Konfessionsschulen weitgehend out; nur in Nordrhein-Westfalen und Niedersachsen sind sie noch anzutreffen. Private und damit kostenpflichtige Bekenntnisschulen gibt es jedoch in allen Bundesländern. Wer also gläubig ist, sein Kind gerne im Geist der Kirche erziehen möchte und in der Nähe einer Bekenntnisschule wohnt, kann sich eine entsprechende Einrichtung aussuchen. Die Praxis zeigt allerdings, dass die Trennung der Konfessionen immer weniger streng wird. So dürfen in NRW mittlerweile Lehrer, die dem anderen Bekenntnis angehören, zur Bedarfsdeckung an Konfessionsschulen eingesetzt werden. Sogar erste Schulleitungsstellen wurden bereits an Bewerber einer anderen Konfession vergeben, weil sie sonst nicht hätten besetzt werden können. Auch die Kinder müssen nicht dem Bekenntnis angehören, dem die Schule sich verpflichtet fühlt. In Niedersachsen gibt es katholische Bekenntnisschulen, an denen katholische Kinder in der Minderheit sind. Und in Köln besuchen zahlreiche Kinder islamischen Glaubens die katholischen Grundschulen. Ihre Eltern wollen das so, weil die Schulen wegen des insgesamt geringeren Ausländeranteils oftmals einen besseren Ruf haben.

Damit haben Eltern von Grundschulkindern in NRW mehr Wahlfreiheit als die in anderen Bundesländern, denn hier decken gelegentlich mehrere Schulen einen Schulbezirk ab, während es sonst in Deutschland, abgesehen von Privatschulen, immer nur eine Grundschule gibt, in die das Kind gehen kann. Trotzdem kommt es vor, dass Eltern eine bestimmte Schule oder vielleicht auch nur eine bestimmte Lehrkraft vermeiden oder umgekehrt unbedingt eine andere als die zuständige Schule haben wollen. Ob solche Wünsche gerechtfertigt sind oder nicht – es gibt eine Grauzone. Die Schulverwaltung erlaubt begründete Ausnahmen, wenn etwa die berufstätige Mutter die Schule in der Nähe ihrer Arbeitsstätte wünscht, um das Kind auf diese Weise immer hinbringen und abholen zu können. Auch die Betreuung tagsüber durch Großeltern oder eine Tagesmutter, die im anderen Schulbezirk wohnen, kann als Ausnahme akzeptiert werden. Doch wer solche Gedanken durchspielt, sollte stets auch berücksichtigen, was die andere Schule für sein Kind bedeutet: Wenn es im Nachbar-Schulbezirk eingeschult wird, kennt es dort zunächst niemanden in seiner Klasse oder sogar in der ganzen Schule. Das ist ein Nachteil, der nur bei Vorliegen erheblicher Gründe zu rechtfertigen ist.

Ist mein Kind wirklich schulfähig?

Am Ende von Kap. 6 war zu lesen, dass 2016 fast acht Prozent aller altersmäßig schulfähigen Kinder um ein Jahr vom Schulbesuch zurückgestellt worden waren. Doch was sind die genauen Gründe für solch eine Maßnahme?

Etliche Kinder sind noch sehr verspielt, wenn sie zur Schule angemeldet werden müssen, andere haben ein sehr geringes Selbstbewusstsein. Doch wie will man das einschätzen, wenn man keinen Überblick über die Altersgruppe hat? Wer sich diesbezüglich unsicher ist, sollte das Gespräch mit der Erzieherin oder der Kita-Leitung suchen, um Antworten auf entsprechende Fragen zu bekommen. Auch ein Besuch beim Kinderarzt kann manche Unklarheit erhellen. Sollten Kita und/oder Kinderarzt die elterlichen Zweifel an der Schulfähigkeit teilen, können sie ein entsprechendes Empfehlungsschreiben oder ein Gutachten erstellen, das dann bei der Schulanmeldung vorgelegt wird.

Der Termin zur Schulanmeldung muss unbedingt wahrgenommen werden, denn die Entscheidung über Einschulung oder Zurückstellung trifft die Schulleitung, nicht die Eltern.

In sehr vielen Schulen werden manche oder gar alle Vorschulkinder einem „Schulfähigkeitstest" unterzogen. Wer vorzeitig eingeschult oder zurückgestellt werden möchte, wird auf jeden Fall getestet. Dabei handelt es sich um ein psychometrisches Verfahren, das wissenschaftlich geprüft und offiziell zugelassen ist. Es gibt verschiedene derartige Tests, die relativ genaue Erkenntnisse über verschiedene Fähigkeiten der Kinder ermöglichen. „Psychometrisch" bedeutet etwa „die Seele vermessen", was natürlich übertrieben ist. Aber es lassen sich durchaus hilfreiche Erkenntnisse über Fähigkeiten gewinnen, die für das Lernen am Beginn der Schulzeit aussagekräftig sind.

Die Schulleitung wird sich also im Zweifelsfall die Meinung der Eltern anhören, die Berichte aus dem Kindergarten und vom Kinderarzt durchlesen, das Untersuchungsprotokoll des Schularztes sowie das Ergebnis des Schulfähigkeitstests anschauen und auf dieser Grundlage eine Entscheidung treffen. Falls die Eltern damit nicht einverstanden sein sollten, können sie Widerspruch dagegen einlegen, über den das Schulamt zu befinden hat.

Sollte das altersmäßig schulpflichtige Kind vom Schulbesuch zurückgestellt werden, ist natürlich die Frage akut, wohin es im Jahr bis zur verspäteten Einschulung gehen kann. Wo es noch einen „Schulkindergarten" oder eine „Grundschulförderklasse" gibt, fällt die Entscheidung leicht; wo nicht, wünschen sich Eltern häufig ein weiteres Jahr im Kindergarten. Wenn jedoch zu wenig Plätze vorhanden sind, werden Kinder im schulpflichtigen Alter nicht ein weiteres Jahr in der Kita betreut. In einigen Bundesländern gibt es deswegen die dreijährige Schuleingangsstufe: Kinder dürfen, je nach ihren Leistungen, mindestens ein und maximal drei Jahre in den ersten zwei Schuljahrgängen verbringen. So haben entwicklungsverzögerte Kinder die Gelegenheit, ihre Defizite ohne Nachteil für die Schullaufbahn aufzuholen, denn das dritte Jahr in Klassenstufe 1/2 wird nicht als „nicht versetzt“ gewertet. Wenige besonders begabte Kinder können sogar nach einem oder eineinhalb Jahren schon in die dritte Jahrgangsstufe aufsteigen.

Kinder mit einer Behinderung, ob geistig oder körperlich, wurden bis vor wenigen Jahren noch generell in einer sonderpädagogischen Schule („Sonderschule“) gefördert (vgl. S. 55 ff.). Doch die Bundesrepublik Deutschland hat sich 2007 mit Unterzeichnung der „UN-Konvention über die Rechte von Menschen mit Behinderungen“ zur Einführung eines „inklusiven“ Schulsystems verpflichtet; am 26. März 2009 ist die Konvention bei uns in Kraft getreten. „Inklusiv“ bedeutet, dass jeder dazugehört und es keine Ausgliederung mehr in besondere Schulen gibt. Letztlich müssten also Sonderschulen abgeschafft und die Voraussetzungen geschaffen werden, dass jedes Kind in einer allgemeinen Schule bestmöglich gefördert werden kann. Die Umsetzung dieses Vorhabens stockt jedoch, weil der politische Wille dazu fehlt. In Norwegen, Dänemark oder Italien gibt es kaum noch Spezialschulen für Kinder mit Behinderungen, während die Inklusionsquote in Deutschland zwar mittlerweile (2018) auf 47,5 % gestiegen ist, aber gleichzeitig damit stieg auch die Quote des sonderpädagogischen Förderbedarfs, was diese Zahl wieder relativiert. Von „annähernd 100 Prozent“ wie in den genannten Staaten sind wir jedenfalls noch weit entfernt.

- Rund zwei Prozent aller Kinder gelten als „hochbegabt", also eines von 50. Man spricht von einer derart besonderen intellektuellen Begabung, wenn bei einem Intelligenztest ein IQ-Wert von 130 oder höher erzielt wurde. Das ist natürlich nicht ganz eindeutig festzustellen, denn es gibt verschiedene Tests, die zu unterschiedlichen Ergebnissen führen können. Eine einigermaßen sichere Diagnose ist erst ab einem Alter von etwa sieben Jahren möglich. Beim Marburger Hochbegabtenprojekt zeigte sich, dass von den Kindern, die im dritten Schuljahr als hochbegabt diagnostiziert worden waren, sechs Jahre später 29 Prozent diese Intelligenzleistung nicht mehr erreichten. Rat und Hilfe kann man sich diesbezüglich einholen bei DGhK: Deutsche Gesellschaft für das hochbegabte Kind (www.dghk.de). Weitere Links gibt es auf www.genius-hochbegabung.de/links.htm
- Kaum ein Phänomen erreicht mehr mediale Beachtung als ADHS, die „Aufmerksamkeits-Defizit-Hyperaktivitäts-Störung". Betroffene Menschen zeigen Symptome in drei Kernbereichen: Ausgeprägte Unruhe – impulsives Verhalten – Aufmerksamkeits- und Konzentrationsschwäche. Etwa fünf Prozent der Kinder und Jugendlichen zwischen 6 und 18 Jahren gelten als betroffen. Mädchen werden oftmals nicht erkannt, weil sie sich im Unterschied zu Jungen häufiger „hypoaktiv" verhalten, also motorisch eher ruhig sind und zum Tagträumen neigen. Die Diagnostik ist Sache der sozialpädiatrischen Abteilung einer Kinder- und Jugendklinik oder eines niedergelassenen Kinderpsychiaters und wird von den Krankenkassen getragen. Eine Überweisung durch den Haus- oder Kinderarzt ist erforderlich. Beratung und Hilfe bieten:

- ☞ ADHS Deutschland e. V. (www.adhs-deutschland.de), der größte Selbsthilfeverband zum Thema
- ☞ Bundesarbeitsgemeinschaft zur Förderung der Kinder, Jugendlichen und Erwachsenen mit Teilleistungs-/Wahrnehmungsstörungen e. V. (BAG-TL/WS; Internet: www.bag-tl.de)
- ☞ Infoportal ADHS (www.adhs.info), das vom Universitätsklinikum Köln initiiert worden ist und Informationen für ganz Deutschland bereithält

- Eltern von Kindern, die „behindert" oder „chronisch krank" sind, brauchen neben medizinisch-therapeutischen Leistungen im Alltag oft genug weitere Formen der Unterstützung, vor allem Informationen zu seltenen Krankheiten und sozialen Rechten, aber auch zu Fragen der persönlichen Entlastung. Ein vielseitiges Informationsportal hierfür ist www.kindergesundheit-info.de, getragen von der Bundeszentrale für gesundheitliche Aufklärung. Es bietet unter vielem anderem auch einen „Wegweiser für Familien mit einem behinderten oder chronisch kranken Kind" im Alter von 0–6 Jahren.

Was ein Kind zum Schulstart braucht

Woran erkennt man morgens oder mittags ein Schulkind sofort? Klar, am **Ranzen** auf dem Rücken! Und die allermeisten Vorschulkinder bekommen ihren Ranzen schon recht früh, vielleicht sogar schon vor dem ersten Ausflug der Vorschulgruppe in die nächstgelegene Schule. Natürlich möchte man da doch schon wie ein richtiges Schulkind aussehen, auch wenn man erstmal nur zu Besuch hingeht. Aber so ein Ranzen kann richtig Geld kosten, und deswegen ist es wichtig, ihn sich in Ruhe und gründlich auszusuchen. Die Verkäufer/-innen in einem Fachgeschäft kennen sich damit meistens auch gut aus und können fachkundig beraten. Eigentlich ist der Ranzenkauf erst kurz vor dem Schulstart wirklich sinnvoll, denn die Schultasche soll ja über die gesamte Grundschulzeit hinweg passen und Kinder wachsen in diesem Alter oftmals rasch. Und noch ein Argument für den Kauf kurz vor dem Schulstart: Dann gibt es reichlich „Restexemplare zum halben Preis"!

Auf jeden Fall sollte das Kind dabei sein, denn zum einen muss der Ranzen größenmäßig zur Figur des Kindes passen, und zum anderen soll er ihm auch gefallen. Im Fachgeschäft darf man die verschiedenen Modelle schultern lassen, um zu sehen, welches am besten sitzt. Ein schmächtiges Kind braucht einfach ein anderes Modell als ein kräftiges. Es gibt Ranzen, die offensichtlich eher von Mädchen gewählt werden, und solche, die Jungs bevorzugen – und das liegt nicht nur an der Farbe. Wenige Modelle sind für zierliche Kinder geeignet, andere ab einer Körperlänge von 105 oder 110 cm. Ihr Leergewicht beträgt zwischen rund 900 und 1.300 Gramm. Gefüllt dürfen Ranzen ruhig 15 bis 17 Prozent des Körpergewichts erreichen – entscheidend ist, dass sie richtig getragen werden. Das Gütesiegel AGR (Aktion Gesunder Rücken) kennzeichnet Modelle, deren Gurte sich flexibel einstellen lassen und die sozusagen mitwachsen.

Eine gute Inneneinteilung des Ranzens in mehrere Fächer sorgt für eine gute Gewichtsverteilung. Das große Bücherfach dicht am Rücken, ein kleineres Fach für Hefte und Mäppchen sowie Außenfächer für Brotdose und Trinkflasche dienen aber nicht nur diesem Ziel, sondern sorgen auch für Schadenfreiheit, falls die Trinkflasche einmal auslaufen sollte.

Die DIN-Norm 58124 wird Ranzen u. a. dafür zuerkannt, dass ihre Oberfläche zu mindestens 20 Prozent von reflektierendem Material bedeckt sein soll. Das ist ein wichtiges Sicherheitskriterium, denn in der Dunkelheit leuchten die Reflektoren im Scheinwerferlicht der Autos. Viele Hersteller verzichten jedoch aus optischen Gründen darauf – Eltern sollten aber unbedingt darauf achten, denn die Sichtbarkeit im Dunkeln kann Leben retten. Im Ökotest 2017 fiel zudem auf, dass die Ranzen allesamt recht stark schadstoffbelastet sind – ein Kriterium, das bei etlichen anderen Tests keine Rolle spielt.

Zum Ranzen braucht jedes Schulkind ein **Federmäppchen**. Die meisten Ranzenmodelle haben eines inklusive. Aber was gehört hinein? Vielleicht schon ein Schreiblernfüller. Der hat eine weniger empfindliche Feder als andere Modelle und zudem eine Griffmulde, damit die Schreibanfänger ihn leichter handhaben können. Viele Schulen schlagen sogar ein bestimmtes Modell vor, mit dem sie gute Erfahrungen gemacht haben. Es gibt jedoch auch Schulen, die erstmal einen dicken Bleistift, einen so genannten Schreiblernstift, verlangen – sie führen den Füller später ein.

Die meisten Schulen geben vorab eine Liste heraus, auf der alles steht, was zum Schulanfang eingekauft werden soll. Da gibt es natürlich Unterschiede, je nach dem Konzept, mit dem im Anfangsunterricht gearbeitet wird. Im Mäppchen sollten danach zumeist ein dünner weicher Bleistift sein, sechs Holzbuntstifte (möglichst bruchsicher – Fasermaler sind im Anfangsunterricht nicht sinnvoll), ein Textmarker, Radiergummi, Spitzerdose, Klebestift, eine Bastelschere und ein kleines Lineal. Das 30-cm-Lineal passt natürlich nicht ins Federmäppchen.

Für den **Kunstunterricht** braucht man mindestens einen Zeichenblock DIN-A4, einen Deckfarbenkasten mit 12 Farben,

Borstenpinsel, Wachsmalstifte, Lappen und Wasserbecher sowie ein altes Hemd als Malerkittel und schließlich eine Sammelmappe für die Bilder.

In etlichen Schulen sollen die Kinder im Klassenzimmer **Hausschuhe** tragen, die vor dem Raum im Regal geparkt werden. Für den **Sportunterricht** werden meist hochwertige Turnschuhe mit heller Sohle verlangt, damit es in der Turnhalle keine schwarzen Streifen auf dem Fußboden gibt. Turnhose und -shirt sind ebenfalls erforderlich.

Manche Schulen benennen sogar die **Bücher**, die für das erste Schuljahr gebraucht werden. Andere wiederum geben die auf Schulkosten gekauften Bücher im Unterricht an die Kinder aus. Das hängt von der Lernmittelfreiheit ab, die in den Bundesländern unterschiedlich gehandhabt wird. Und es kann vorkommen, dass zum Schuljahresbeginn ein paar Euro für **Verbrauchsmaterial** von den Eltern eingesammelt werden.

Was auch immer man für den Schulstart besorgt, sollten möglichst Markenprodukte sein. Sie kosten zwar mehr als Sonderangebote oder Produkte vom Discounter, aber die Qualität ist in der Regel erheblich besser.

Unverzichtbar ist natürlich die **Schultüte**! In manchen Schulen wird sie an einem Elternabend vor dem Schulstart gebastelt. Mancherorts machen das auch die Kindergärten, die in einigen Regionen Deutschlands zum Abschluss der Kita-Zeit ein „Zuckertütenfest“ feiern. Es gibt aber auch Schulen, wo die Eltern sich selbst um die Schultüte kümmern müssen und frei entscheiden können, ob sie eine kaufen oder selbst anfertigen. Überreicht wird sie dem Kind am Einschulungstag, ob schon vor der Feier oder erst währenddessen, das ist unterschiedlich.

Für die Füllung der Schultüte gibt es keinerlei Vorschriften. In ihrer Spitze lassen sich am besten Textilien unterbringen, etwa Socken oder ein T-Shirt. Darauf können dann verschiedene Schreibutensilien fürs Mäppchen gelegt werden, kleine Spielsachen wie Autos oder Püppchen, ein Kuscheltier, Ohrringe oder eine Armbanduhr, eine Zeichenschablone, Murmeln, ein Springseil, vielleicht sogar ein kleines Buch. Süßigkeiten müssen nicht sein, aber verboten sind sie natürlich nicht.

Wenn man die Kosten für die ganze Erstausstattung eines Schulkindes zusammenrechnet, kommt man schnell auf mehrere hundert Euro. Da ist es in manchen Familien sinnvoll, schon zwei Jahre vor der Einschulung jeden Monat eine Kleinigkeit zurückzulegen. Glücklicherweise gibt es vielerorts Sammel- und Spendenaktionen, um auch weniger betuchten Familien zu einer ordentlichen Grundausstattung zu verhelfen. Die Basis legt zwar das so genannte „Bildungspaket“ für die Bezieher von Hartz IV, Sozialhilfe oder Wohngeld, das allerdings nicht alle anfallenden Kosten berücksichtigt.

Was Kinder zum Schulstart nicht brauchen

Die Einschulung hat sich heutzutage zu einem großen Familienfest entwickelt. Das war vor 50 Jahren noch längst nicht so! Die meisten Familien feiern sie groß und oft wird ein Tisch im Restaurant dafür gebucht. Doch das Kind, um das es geht, kann gerade an seinem großen Tag damit in aller Regel nichts anfangen. Es ist aufgedreht oder gar überreizt und am besten geht es ihm, wenn die Erwachsenen eher sich feiern als den Schulanfänger.

Natürlich kann die Situation auch ganz anders sein und das Kind genießt es, im Mittelpunkt zu stehen. Dann werden die folgenden Tage eher schwer für es, denn in der Schule ist es eines von zwanzig oder mehr. Schulfähig zu sein hat eben sehr viel mit den in Kap. 5 beschriebenen sozialen Fähigkeiten zu tun. Da sollten wir Eltern unser Kind nicht mehr strapazieren als nötig. Der Erwartungsdruck kann es nämlich sehr stressen, und die große Feier zur Einschulung signalisiert hohe Erwartungen.

„Alle sind gekommen, um mit mir den Schulstart zu feiern" – das kann ein sehr belastender Gedanke sein, denn damit geht neben der Vorfreude die allgemeine Erwartung schulischer Erfolge einher. Bisher hat das Kind jedoch noch gar keine Erfahrungen mit systematischem Lernen gemacht und weiß nichts darüber, ob und wie es den Anforderungen gerecht werden kann. Es wäre schön, wenn unsere ABC-Schützen gelassen sein könnten und sich gar keine Gedanken darum machten; es ist jedoch nicht davon auszugehen, dass alle das können. Als Eltern kann man den Schulstart-Stress klein halten, wenn man lediglich ein wenig in der Familie feiert und den Tag nicht allzu sehr aufbauscht.

Was Kinder außerdem zum Schulstart überhaupt nicht brauchen können, sind Eltern, die von der Vorstellung besessen sind, sie müssten jetzt das ganze „neue Leben" ihres Kindes managen.

- Wenn man den Schulweg schon vorher geübt hat, genügen zwei, drei Wochen, bis das Kind ihn allein oder mit anderen Kameraden gemeinsam bewältigen kann.
- Der Weg ins Klassenzimmer ist Kindersache und sollte für Eltern tabu sein! Auch ein schwerer Ranzen bedeutet nicht, dass Eltern ihn bis an den Tisch des Schulkinds tragen müssten. Viele Schulen haben am Eingang ein Schild aufgehängt mit der Aufschrift: „Ab hier gehen wir alleine." Daran sollte man sich halten.
- Hausaufgaben sind die Angelegenheit der Kinder. Es macht sie total unselbstständig, wenn Mama oder Papa ständig bei ihrer Erledigung danebensitzen.
- Es stört das Klima in der Schule massiv, wenn Eltern während der großen Pause vor dem Schulhof stehen und Kontakt zu ihren Kindern suchen.

Die Schule ist ein neuer Abschnitt im Leben unserer Kleinen, der sie größer macht – wenn wir sie „groß" sein lassen. Ihr Selbstbewusstsein kann wachsen, wenn wir es erlauben, dass sie selbst ein Bewusstsein von sich als Schüler entwickeln.

Der erste Schultag

Erinnern Sie sich noch an Ihren ersten Schultag? Meiner ist schon sehr lange her und dennoch sehe ich noch genau das alte Klassenzimmer mit den bräunlichen Rauputzwänden und dem immer nach Bohnerwachs duftenden Holzfußboden vor mir. Die heutigen Klassenzimmer sind allesamt moderner, heller und – hoffentlich – leiser. Dafür ist der erste Schultag meistens lauter als damals.

Sein Auftakt findet für die, die das wollen, in der Kirche statt. In einem meistens ökumenischen Gottesdienst stimmen die beiden Geistlichen Kinder und Eltern auf den Schulstart ein, bevor es in die Schule geht. Dort gibt es auf dem Schulhof oder bei schlechtem Wetter in der Turnhalle oder der Aula eine Einschulungsfeier. Die höheren Klassen oder der Chor singen, das Flötenensemble spielt, einige Kinder führen ein Theaterstück auf und die Schulleiterin – Männer sind an Grundschulen selten – begrüßt alle Anwesenden mit einer festlichen, kleinen Ansprache. Es herrscht eine aufgeregte, feierlich-freudige Stimmung und die Eltern wollen alles fotografieren oder filmen. Dieser so besondere Tag soll ja dokumentiert werden. Mancherorts werden die Kinder am Ende des Vormittags sogar von einem Schulfotografen abgelichtet, aber das wird immer seltener – die Möglichkeiten der digitalen Fotografie machen das zunehmend überflüssig.

Anschließend kommt der große Moment, wenn die jeweilige Klassenlehrerin „ihre“ Kinder samt der Eltern ins Klassenzimmer mitnimmt. Die Kleinen dürfen sich dort hinsetzen, während sich die Eltern irgendwo im Hintergrund drängeln – und natürlich wieder fotografieren und filmen. Die Lehrerin wird die Schülerinnen und Schüler in ihrem Klassenraum willkommen heißen und ein paar organisatorische Hinweise an die Eltern verkünden. Und dann sollen die Eltern einfach rausgehen – am besten rasch, denn jetzt beginnt die erste Unterrichtsstunde für die neuen Schulkinder.

Und während die Kleinen etwas malen, eine Geschichte vorgelesen bekommen oder miteinander alles Mögliche besprechen, stehen die Eltern ein wenig nervös auf dem Schulhof beisammen. Vielleicht hat der Förderverein Brezeln und Kaffee organisiert. An den meisten Schulen haben sich die Eltern schon an mindestens einem Abend zuvor kennengelernt und können jetzt noch ein wenig miteinander plaudern. Auf jeden Fall wäre es gut, wenn sie sich nicht vor den Fenstern der Klassenzimmer aufstellen und von draußen zuschauen, denn das würde ihre Kinder samt Lehrerin doch sehr stören.

Wenn die Erstklässler schließlich wieder herauskommen, ist ihr erster Schultag geschafft! Jetzt sind sie wirklich und wahrhaftig große Schulkinder – die anderen in der Kita sind noch klein. Es werden nochmals Fotos gemacht. Ob die Eltern merken, dass manches Kind ziemlich erschöpft ist? Es war doch eine große Anspannung. Eigentlich wäre es jetzt am besten, nach Hause zu fahren und den Rest des Tages locker zu verbringen. Stattdessen beginnt nun die Familienfeier.

Wenn Sie, liebe Leserin, lieber Leser, auch eine Einschulungsfeier planen, dann denken Sie doch bitte vorher einmal über diese Fragen nach:

- Wer wird gefeiert – das Kind, die Eltern oder alle Anwesenden?
- Wenn das Kind gefeiert wird, warum hat es dann nicht das Recht zur Auswahl der Gäste?
- Wäre es nicht schön, wenn das Kind seine Einschulung mit Freundinnen und Freunden feiern könnte, ähnlich wie einen Kindergeburtstag, nur nicht so aufwändig?
- Wenn die Eltern feiern wollen, können sie das nicht so organisieren, dass ihr Kind keine Rolle nach Plan spielen muss?

- Warum wohl wird in vielen Familien „groß“ gefeiert, obgleich das Kind noch klein ist und erst am Anfang seiner Schullaufbahn steht?
- Wie wird sich das Kind in naher Zukunft nach einer großen Einschulungsfeier fühlen, wenn sein Lernen nicht ganz erwartungsgemäß verläuft?

An der letzten Frage lässt sich erkennen, dass zum Schülerleben Erwartungsdruck gehören kann. Hohe Erwartungen verursachen hohen Stress und bauen damit hohe Hürden fürs Lernen auf. Ein großes Einschulungsfest signalisiert große Erwartungen – wäre da nicht Bescheidenheit angemessener?

Nachwort

Am Ende wird alles gut!
Und wenn es noch nicht gut ist,
ist es noch nicht das Ende.

(Oscar Wilde)

Fast sind wir am Ende. Ich weiß nicht, ob dieses Buch alle Elternfragen zum Thema „Schulfähigkeit" zu beantworten vermag. Es wird immer noch hier und da besondere Themen geben, die dann vielleicht besser im persönlichen Gespräch mit der Erzieherin oder der Schulleiterin geklärt werden. Solange das Kind noch die Kita besucht, ist der enge Kontakt zu den Erzieherinnen hilfreich, aber auch ein besonderer Gesprächstermin in der Schule lässt sich im Vorschuljahr bei Bedarf organisieren.

Zu meiner Kindergartenzeit waren die Erzieherinnen „Tanten" – ich erinnere mich noch genau an Tante Thekla. Doch das ist lange her. Heute sind Erzieherinnen Fachkräfte mit einer guten, qualifizierten Ausbildung, die sie – je nach Bundesland – an einer Berufsfachschule für Sozialwesen oder Fachakademie für Sozialpädagogik genossen haben. Auf neunzehn Frauen kommt in diesem Berufsfeld etwa ein Mann, Tendenz langsam steigend. Und Nachwuchs wird gesucht: 100.000 Erzieher/-innen fehlen deutschlandweit aktuell, bis 2025 könnte der Fehlbedarf bei 300.000 liegen, wie der Nationale Bildungsbericht aus dem Juni 2018 prognostiziert.

Trotz der knappen Personaldecke in den meisten Kitas sind Erzieherinnen immer bereit, einen Gesprächstermin mit Rat suchenden Eltern auszumachen. Sie erleben die Kinder viel intensiver in ihrem Gruppenverhalten und unter dem Einfluss verschiedenster Aufgabenstellungen, als Mamas und Papas das je könnten. Gerade darum sind die Gespräche mit ihnen so hilfreich und nützlich. Sie beobachten das gleiche Kind wie die Eltern, aber aus einem anderen Blickwinkel heraus. So kann es vorkommen, dass sie Seiten an ihm wahrnehmen, die den Eltern fremd sind.

Wenn Eltern und Erzieherin das Kind unterschiedlich sehen, dann sehen beide es richtig – nämlich aus ihrer persönlichen Perspektive heraus. Im Gespräch lassen sich beide Sichtweisen beschreiben und ergänzen sich gegenseitig, so dass im Idealfall ein neues, mehrdimensionales Bild vom Kind entsteht. Die Behauptung, dass die Erzieherin das Kind „falsch" sehe, oder die umgekehrte Aussage, die Eltern hätten ein „völlig falsches Bild" vom Kind, sind beide einseitig. Erst die Zusammenschau beider Bilder ergibt eine lebendige, realistische Sicht.

Zahlreiche Elterngespräche in Kitas könnten fruchtbarer verlaufen, wenn beide Seiten die jeweils andere Sicht als subjektiv richtig anzuerkennen vermögen. In der Schule wird sich dieser Perspektivenunterschied fortsetzen. Auch dort wird es vorkommen, dass eine Lehrerin beispielsweise der Mutter erzählt, ihr Kind beherrsche beim Rechnen den Zehnerübergang noch nicht, während diese vom häuslichen Üben her vom Gegenteil überzeugt ist. Doch beide können richtig liegen; erst ein offenes Gespräch mit Aufgeschlossenheit auf beiden Seiten vermag eine gemeinsame Perspektive entstehen zu lassen.

Vertrauen und Offenheit waren schon im Kindergarten die wesentlichen Charaktereigenschaften für ein gutes Verhältnis zwischen den Erwachsenen. Das wird sich in der Schule fortsetzen. Damit das Lernen dort gelingt, braucht nicht nur das Kind Schulfähigkeit, sondern auch die Eltern und Lehrkräfte brauchen etwas: die Bereitschaft zum vorurteilsfreien Dialog.

Bildnachweis

© Detlef Träbert (S. 12, 99, 211) / pixabay.de (S. 18, 47, 201) / stock.adobe.com (S. 23, 29, 35, 48, 51, 54, 69, 77, 90, 103, 110, 124, 135, 146, 153, 156, 179, 189, 190 / Heinrich Hoffmann „Der Struwwelpeter“ (S. 26) / depositphotos.com (S. 31, 72, 174) / imago/United (S. 38) / 123rf.com (S. 44, 89) / thinkstockphotos.de (S. 64) / Oskar Herrfurth (S. 132) / Wikipedia commons (S. 162) / istockphoto.com (S.173)

Über den Autor

Detlef Träbert gründete nach 18 Jahren im Schuldienst den Schul-Beratungs-Service „Schubs". Der Name ist Programm: Träbert gibt Schubse, stößt an, initiiert Entwicklung und Hilfe zur Selbsthilfe, vor allem mit Vorträgen und Workshops für Eltern. Er besucht Schulen und Kitas in ganz Deutschland sowie im deutschsprachigen Ausland, um über Erziehen und Lernen, Motivation, Konzentration und AD(H)S, Hausaufgaben, Rechtschreib-Training, (Selbst-)Disziplin oder Strukturen zu informieren und ins Gespräch zu kommen. Daneben schreibt er Artikel für Zeitungen und Zeitschriften.

Homepage des Autors: www.schubs.info
E-Mail: traebert@schubs.info

Weitere Bücher
von Detlef Träbert

Erschienen im MEDU Verlag

- Rechtschreibtraining mit der Schubs®-Methode (2017)
- Mehr Freude am Lernen! So motivieren Sie Ihr Kind (2016)
- Kleine Schubse – große Wirkung. 99 Tipps für den Erziehungsalltag (3., akt. Aufl. 2015)
- Aphorisiakum. Lust am Denken. Aphorismen (2013)

Erschienen bei Beltz

- Das 1x1 des Schulerfolgs. Alles, was Eltern wissen müssen (2016)
- Disziplin, Respekt und gute Noten. Erfolgreiche Schüler brauchen klare Erwachsene (2012)
- Wenn es mit dem Lernen nicht klappt. Schluss mit Schulproblemen und Familienstress (zus. mit Jochen Klein; 2009)